JN035307

未来の図書館 研究所 調査・研究レポート 2023（第７号）

図書館と知識社会

未来の図書館 研究所
樹村房（発売）
2024

Library and Knowledge Society

The libraries of the future research, Inc. Annual Report. 2023 (Vol.7)

The libraries of the future research, Inc.

Distributed by Jusonbo

Tokyo, 2024

はじめに

「たちかわ電子図書館」が能登半島地震で大きな被害を受けた輪島市の小中学生らにサービスを開放したという記事が掲載された（『東京新聞』2024 年 3 月 13 日）。物理的な図書館のほうはまだ休館だが「わじま電子図書館」は開館している。ウェブを開くと，「地震災害対策広報」などはログインなしで読める。これとは別に，京都市図書館がいち早く七尾市の住民に電子書籍が利用できるよう提供範囲を拡大している。関西広域連合が能登半島地震のカウンターパート支援先を決定後，直ちに動いたものだ（『京都新聞』2024 年 2 月 16 日）。いずれも期間限定とはいえ，立川市や京都市のような迅速な行動は被災地図書館には本当に心強い。

震災を被られた方々にお見舞いを申し上げるとともに，各地の図書館の早急の復旧，そして輪島市立図書館の新計画の進展をお祈りしたい。

先年のコロナ禍の際，公共図書館の休館に伴い，種々の補助金交付もあって，わが国の公共図書館でも電子図書館サービスがかなり広がった。電子出版制作・流通協議会の調査によると 2024 年 4 月現在で 550 自治体（約 3 割）にまで拡大したようだ。一方，先行する米国では博物館・図書館サービス機構（IMLS）調査によると，公共図書館の 8 割ほどで実施されていたデジタルサービスが，コロナ後は9割以上になったという。またコロナ前の2019年の数値だが，全公共図書館の印刷資料のコレクション数が6億8600万点，電子書籍が6億157万点で，両者はほぼ匹敵するところまできており，電子書籍の1館当たりのコレクション数は平均70万点を越す（この数値は利用可能な重複数を含む。ちなみに，日本の場合は1館平均が7654タイトルで7割が1万タイトル未満）。米国では読みたい電子書籍が利用でき，各種のデータベースも使える，図書館サービスが印刷資料だけでなく個人のPCやスマホでも展開されているといってよい。

米国の状況をみると，公共図書館におけるデジタル資料の問題は解決したかのようにみえる。しかし，問題はさほど簡単ではない。なお多くの問題が残っており，2023年末にアメリカ図書館協会（ALA）は「デジタル公共図書館エコシステム2023（*Digital Public Library Ecosystem 2023*）」という報告を出している。エコシステムというのは，もとは生態系のことだが，近年ビジネスの新たな分野で，プレーヤーがどのように絡んでいるかを把握し，打開する方途を見いだそうとして使われる。この文書も同じ趣旨で，端的にいえばデジタルライセンスと流通の仕組みを分析し実世界の競争条件を勘案しつつ，図書館は「より柔軟なライセンス条件により利用者の待ち時間を減らし，図書館の予算を最大限に活用することを可能にする」対応を探っていく必要があると促している。

情報社会になって情報や知識を活用した「知識経済」が展開され，市場の拡大や競争条件の変化，そしてプレーヤーの新旧交代等が生じた。公共図書館も，これまでと大きく変わったそのエコシステムにおいて活動しなくてはならなくなった。とはいえ，この間になぜ日米のこれほどの大きな隔たりが生れてしまったのか。さまざまな理由があろうが，この格差の意味するところは，人々に情報や知識を十分に届けられているかの水準の差である。わが国においても適切なエコシステムが形成され，このような格差が早急に是正されるように願いたい。

さて，本書には，恒例のシンポジウムとオープン・レクチャーの記録，それに３本の論考を収録した。

今回のシンポジウム「図書館と知識社会」は，上述したような情報社会から知識社会への移行に関わるテーマで，直接的にはユネスコ公共図書館宣言 2022 の「公共図書館は，知識社会の不可欠な構成要素であって，ユニバーサル・アクセスを実現し，すべての人に情報の意味のある利用を可能にするという責任を果たすため，情報伝達の新しい手法を継続的に取り入れる」という文言がきっかけであった。本書にはそのあたりを説明した主催者からの「シンポジウムテーマの趣旨」，そして登壇者，片岡真さんの「電子リソースのナレッジベースと知のオープン化」，飯野勝則さんの「ウェブスケールディスカバリーと知識社会」と題した講演を掲載した。講演およびディスカッションを本書に収録するにあたって，あらためて加筆し，「新しい情報手段の手法」をわかりやすく解説していただいた。片岡さんは今後の知識社会を方向づける重要な「知のオープン化」という観点を重ねている。また飯野さんには，会場で話題になった

「セントラルインデックス」について「Column」として書き足してもらった。

続いて，豊田恭子さんの「時代に対応する図書館をどう作るか ―アメリカの実践から考える」は，当研究所オープン・レクチャーの成果の一つである（オープン・レクチャーの演題「時代に対応する図書館とは何か ―アメリカの実践から考える」から本書収録にあたって改題）。米国での事例を簡潔にまとめ，日本と対比し論じていただいた。これからの公共図書館を考えるのに，大変示唆に富んだ内容である。

大串夏身さんの「コレクションづくりに関する一考察」は，コレクションづくりの長年の経験を踏まえた覚書である。その作業での五つの部材と司書の思い，さらに図書館が自由な意見の交換の場として成立することの意義が述べられている。

磯部ゆき江さんの「広域連携による電子図書館 ―きくち圏域・たまな圏域・ありあけ圏域の事例から―」は，定住自立圏に依拠した電子図書館の事例を報告している。電子図書館の利点は場所を超えるところであり，広域連携が有用に機能している3箇所を調査し，とりまとめている。

末尾の永田治樹の「知識社会と公共図書館：「IFLA-UNESCO 公共図書館宣言 2022」が投じた課題」は，ドラッカーをはじめとするこれまでの知識社会に関する議論をたどり知識社会とは何かを記述して，そのうえでユネスコ公共図書館宣言が今日の公共図書館に何を求めているかを導出している。

今後も，本シリーズを充実させていけるよう，皆さまの忌憚のないご意見を寄せていただければ幸いである。

2024 年 4 月

未来の図書館 研究所
理事長　永田 治樹

目次

図書館と知識社会

開催日　　2023 年 11 月 30 日（木）
会　場　　ワテラスコモンホール
会場および YouTube のライブ配信にて開催

講演者・パネリスト　　片岡　真
　　　　　　　　　　　飯野　勝則
コーディネーター　　　永田　治樹

主　催　株式会社 未来の図書館 研究所

＜シンポジウム記録の構成にあたって＞

「図書館と知識社会」をテーマに開催された未来の図書館研究所第8回シンポジウムの記録を次の構成により所収した。

1. 講演の中に，シンポジウムで配付された資料に基づき，見出しを挿入した。
2. 講演でパワーポイントやウェブサイトの図に言及している部分については，当日のパワーポイントのスライドの一部を抜粋し掲載した。ウェブサイトについては参照URLを挿入した。
3. 挨拶や進行に関わる部分，ディスカッションの一部は割愛した。
4. 末尾に注・参考文献を付した。

シンポジウムテーマの趣旨

永田 治樹（未来の図書館 研究所）

本シンポジウムの会場での開催は，4年ぶりになります。会場にお運びいただく方，ネットでつないでいただく方あわせて200名ほどの申し込みがございまして，皆さまおそろいかと存じます。ご参加，誠にありがとうございます。

私は未来の図書館研究所の永田治樹と申します。シンポジウムの主催者を代表しまして，ひとことご挨拶を申し上げます。また，冒頭の本シンポジウムの趣旨の説明をいたします。

今年の夏は長くて暑い夏でした。その夏も終わりました。わが国は周りを海で囲まれていますから水蒸気が多くて，雲が出やすいですが，天が高くなってユトリロの青とでもいえるような空を見ることが今年は特に多かったように思います。しかし東京地方は11月半ばから突如として寒くなりまして，短い秋が終わり，冬がやってまいりました。こうした季節の巡りは異常な気候温暖化にあっても，やはり一定の法則に従った動きになっているようです。

他方，皆さまもコロナ禍のあと世の中何か変わってしまったと感じておられると思います。報道等にありますように，世界中でこれまでにないことが起き，社会の状況変化は，気候とは違って繰り返しではありません。私たちの図書館についても，新たな情報技術の進展，図書館の財政的基盤の弱体化，あるいは図書館の利用の様態も変わっています。

そんな状況変化をきちんととらえ，未来につなげようと，「図書館のゆくえ」というテーマで 2016 年 10 月にこのシンポジウムの第 1 回をもちました。その後も，図書館の動きに目を向けて，問題になると思われる論点をとりあげてきました。皆さまのご支援のおかげで本日，第 8 回を迎えています。

今後も，この初心を忘れずに，私どもは図書館に関わるご相談や教育支援などの事業を続けていく所存です。引き続き，皆さまのご協力，ご支援をお願いしつつ，冒頭の挨拶といたします。

1. 知識社会とは

さて，本シンポジウムの趣旨を説明いたします。テーマは「図書館と知識社会」です。

「知識社会」という言葉は前世紀に経営学者のピーター・F・ドラッカー（Peter Ferdinand Drucker）の言説が喧伝された後，わが国では一般にその意味合いが必ずしも整理されていないように思います。ネット上でこの言葉の意味を確認しようとされた方はきっと混乱したかと思います。

Wikipedia などの英文の“Knowledge society”の解説のほうが，基本をおさえています。その解説では，「人間の状態を改善するために，使用できる知識を生成し，共有し，メンバー同士が利用できるようにする社会」[1)] とあります。また，情報社会と同じではないとの指摘もあります。

しかし，ときに混同されることもあり，それがやっかいなのです。技術革新による情報社会の急速な進展が，知識社会を推し進める基盤になっていることは事実です。情報社会では人々が効果的な行動をとれるように，情報が資源として提供されますが，ただそこではデータ，あるいは生の情報が産出され，配布されるだけです。そして昨今出回る偽情報などは，われわれにとって大きな障害をもたらし，私たちの状態を改善するものではありません。

また，産業社会における経済成長，あるいは付加価値をもたらす経済的な資産が，いわばモノから知識に移行した社会だという説明もしばしば目にします[2)]。これはそのとおりだと思います。

知識社会という概念を，およそ以上のようにおさえて話を進めたいと思います。

IFLA-UNESCO 公共図書館宣言 2022

2022 年に「IFLA-UNESCO 公共図書館宣言」（以下「ユネスコ公共図書館宣言」）が四半世紀ぶりに改訂され，公共図書館について，それは「知識社会の不可欠な構成要素であって，ユニバーサル・アクセスを実現し，すべての人に情報の意味ある利用を可能にするという責任を果たすため，情報伝達の新しい手法を継続的に取り入れる。」また，「知識の生産と情報や文化の共有・交換に必要な，そして市民の関与を推進するための，公共スペースを提供する」との文言が新たに追加されました[3)]。そこで，知識基盤が急速に拡大するなか，図書館がどのような役割を果たさなければならないかという議論をする，このシンポジウムを企画いたしました。

もう一つ付け加えると，2010 年にデンマーク政府の図書館に関する政府のエージェンシー（Danish Agency for Libraries and Media）が『知識社会における公共図書館（The Public Libraries in the Knowledge Society）』という報告書を出しております。「オープン・ライブラリー」という，閉館後の職員がいなくなった図書館に住民が ID カードで自由に出入りできるというアイディアがこの中に含まれていて注目したのですが，そこに「知識社会」という言葉がありました。知識社会においては「社会の価値創造が，情報を知識に変換し，その知識を使用して新しい価値を創造する市民の能力に基づいてますます進む」，それに対応するためには「啓発，教育，文化活動をさらに推進する公共図書館の取組みがこれまで以上に重要になっている」という認識が示されています。

2. 知識社会における図書館の役割

ユネスコ公共図書館宣言 2022 では，上述のように知識社会における公共図書館の任務として，「知識・情報へのユニバーサル・アクセスの実現」と，「知識の生産と情報や文化の共有・交換に必要な公共スペースの設定」，この二つをあげています。

ユニバーサル・アクセスという言葉は，もともとは固定電話の世界の考え方で，皆が等し並みにアクセスできるということであります。ここでは，図書館では，過去のものから今日までのあらゆる資料に誰もがアクセスできるようにする必要があるということになります。また，新しい手法とは，図書などの物理的なメディアだけでなく，デジタル技術やそれに基づく仕掛けといったことになるでしょう。

もう一つは，情報を知識に変換し，その知識を使用して新しい価値を創造するための人々の交流の場づくりと，いうことになるかと思います。

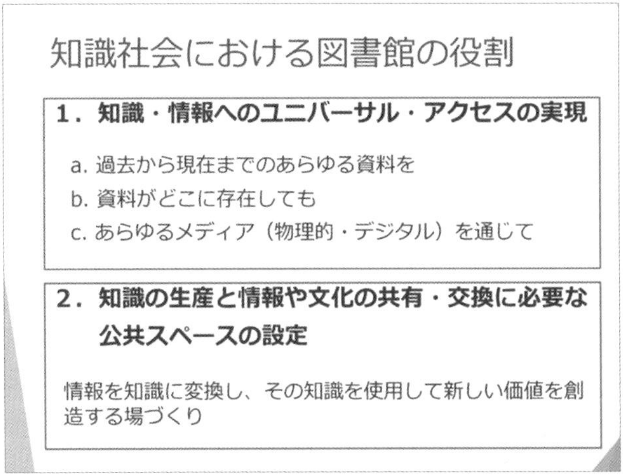

知識社会における図書館の役割

1．知識・情報へのユニバーサル・アクセスの実現

a. 過去から現在までのあらゆる資料を
b. 資料がどこに存在しても
c. あらゆるメディア（物理的・デジタル）を通じて

2．知識の生産と情報や文化の共有・交換に必要な公共スペースの設定

情報を知識に変換し、その知識を使用して新しい価値を創造する場づくり

図１　スライド「知識社会における図書館の役割」

知識社会＝生涯学習社会

ところで，知識というと専門的なものあるいは学術的なものに目がいきますから，知識社会という今回のタイトルから，またご登壇いただいているお二方の吸引力もあって，本日の参加者は，学術図書館等の関係の方がいくぶん多いようです。

しかし，知識というのは必ずしも専門的，学術的なものばかりではなく，私たちの日常の暮らしのなかの問題に関わるものです。私たちは情報を受けとめて，それから何か気づいたり，あるいはそれを繰り返して考えたりし，普遍性のある知識というものにして活用しているわけです。

文部科学省が以前に公開した「これからの図書館の在り方検討協力者会議」での議論の概要に「現在の社会では，様々な制度の変化が激しく，技術の革新も急速であるため，常に新しい知識が生まれている。このため，社会人の持つ知識が急速に古くなり，必要な知識の範囲が広がるため，絶えず情報収集と学習が必要になっている」[4]と記されていました。そのように生涯学習が要請されるのは，知識社会の現象です。したがって大学図書館や専門図書館ばかりか，公共図書館こそがこの問題に真正面から対応して，それぞれのコミュニティのニーズに応じた取組みをしなければならないと思われます。

3. 知識・情報へのユニバーサル・アクセスの実現

さて，先ほどとりあげたユネスコ公共図書館宣言の二つの観点をどのように具体化すればいいのでしょう。まず一つはユニバーサル・アクセスです。これは図書館にとっては第一の任務で，これを実現するには，二つのことを考えなければいけません。一つは各図書館がどの範囲の資料を提供するか。もう一つはそれに加えてどのように提供の仕掛けをつくればよいかということです。

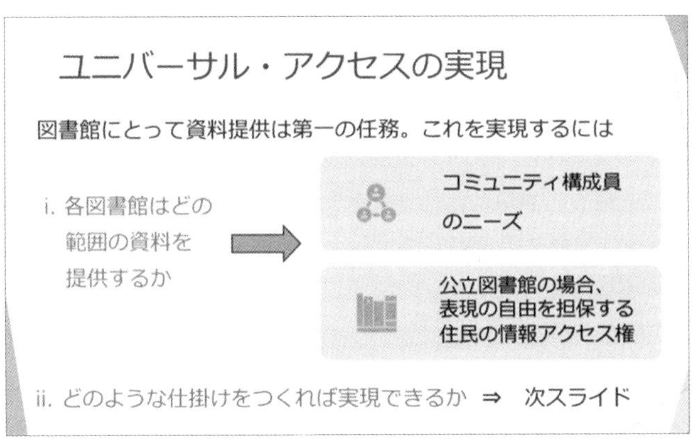

図２　スライド「ユニバーサル・アクセスの実現」

どの範囲の資料を提供するかというのは，かなり悩ましい問題でありますが，基本的にはコミュニティの構成員のニーズです。望ましいのはすべての要求に応えられる資料を各図書館が収集できることですが，どこも予算の制約などがありますから，優先順位をつけ収集しているでしょう。

学術図書館，専門図書館では，各教育・研究コミュニティにとって必要度の高いものを入れるということになります。ただしその範囲外でも，その機関の使命からみて，出てくるニーズには迅速に手立てを講じなければならない場合もあります。

公共図書館はどうかといえば，地域住民の日常のニーズに基づくとして一般書，あるいはポピュラーな図書といったものを多く収集しています。公的資金で運営されている公立図書館は，大多数の要求に合った資料を用意していますけれども，ちょっと考えなければいけないのは，表現の自由を担保することです。どういうことかというと，受け取る側の知る自由を誰が保証するかといえば，それは公共図書館の任務となるから，住民の要望する資料へのアクセス権を確保する必要があります。これはかなり難しく簡単ではありません。実際のところ，調査などをしますと，公共図書館では自分の必要とする資料がないという不満が顕著に表れます。

どのような仕掛けをつくれば実現できるか

実際にユニバーサル・アクセスをそれぞれの図書館でカバーするには，どうすればいいか。それが二つ目の問題であります。どのような仕掛けをつくり実現するかです。状況を二つに分けて説明いたします。

紙資料だけの時代，つまり「以前」の時代は，とはいっても実は今も多くの図書館がこの段階にありますが，この段階では，主に機関スケールといいますか，各図書館だけが持っているものをサービスしていて，所蔵できていないものは図書館相互協力で資料提供の包括性を確保するということをやってきました。大学図書館の世界では「サイニィ（CiNii)」というものがあります。公共図書館の世界では都道府県単位などの総合目録が機能しているところもあります。また所在確認だけならば，「カーリル」というものが有効で，あとはそれぞれで工夫をしているというのが現状かと思います。それにより，図書館サービスは，とりあえず機関規模を超えるわけですが，おおかたの公共図書館の利用者を誘導する検索サイトでは，個別館のOPACのままで，外に飛び出せるような仕掛けはなく，まだ旧時代のままです。

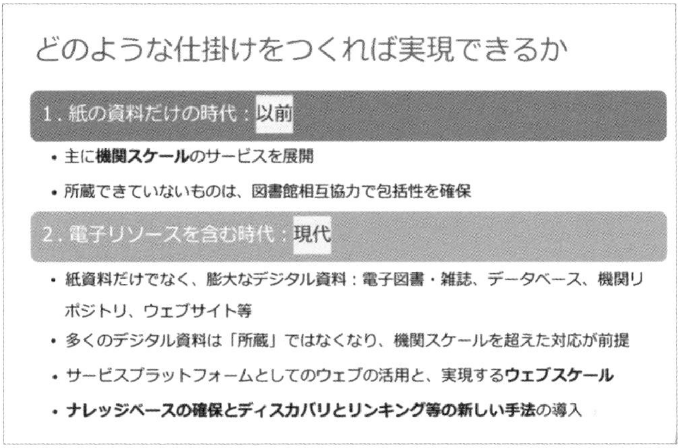

どのような仕掛けをつくれば実現できるか

1．紙の資料だけの時代：以前

- 主に**機関スケール**のサービスを展開
- 所蔵できていないものは、図書館相互協力で包括性を確保

2．電子リソースを含む時代：現代

- 紙資料だけでなく、膨大なデジタル資料：電子図書・雑誌、データベース、機関リポジトリ、ウェブサイト等
- 多くのデジタル資料は「所蔵」ではなくなり、機関スケールを超えた対応が前提
- サービスプラットフォームとしてのウェブの活用と、実現する**ウェブスケール**
- **ナレッジベースの確保とディスカバリとリンキング等の新しい手法**の導入

図 3　スライド「どのような仕掛けをつくれば実現できるか」

「現代」はこの先です。紙資料だけでなく，膨大なデジタル資料に電子図書・雑誌，データベース，機関リポジトリ，ウェブサイトなどがあるわけですね。

昨今では OPAC だけでなく，さまざまなサービスがウェブをプラットフォームとして使われています。もし，ウェブを通じて本日例示されるような電子リソースに容易にアクセスできる仕掛けが設定できれば，かなり図書館の状況は変わります。ねらいはユニバーサル・アクセスです。そしてユネスコ公共図書館宣言がいうように，そのための新規の手法の導入が求められています。

発見から入手まで：図書館に用意すべきシステム要素

ここからは，お二方のお話の前触れです。私からも，これからの図書館にはどのような仕掛けが必要になっているかをおおざっぱに述べておきます。

図書館は，資料を提供し，人々がそこから情報・知識を取り出し，活用し，また新たな知識・情報を生み出すことを支援します。

まずはアクセスツールがいります。以前からの OPAC といったものもあります。また，さまざまな二次情報を収容したツールも出てきました。これらによって，幅広い情報コンテンツをまとめて探し出すことをディスカバリというようになりました。ユニバーサル・アクセスを目指した，「ウェブスケール」（ウェブの届く範囲の規模，言い換えれば全世界）によるものです。飯野さんにこのあたり，ご説明いただけます。

二番目は，知識管理システムです。ここでいう知識管理システムは，いわゆる図書館がサービスできる資産の管理システム，あるいはサービスプラットフォームともいえるかと思います。とりわけ今後重要度が高くなる，電子リソースに関しては，どのようなリソースが利用できるかが明確でないと困るわけですが，基本個々の図書館の外に存在するそれらのコンテンツ提供者や，プラットフォームを利用するためのメタデータを確保し，集中的に管理します。それがナレッジベースです。このあたりの現状についての正確な知識は，図書館員にとって不可欠です。この部分については片岡さんにお願いしました。

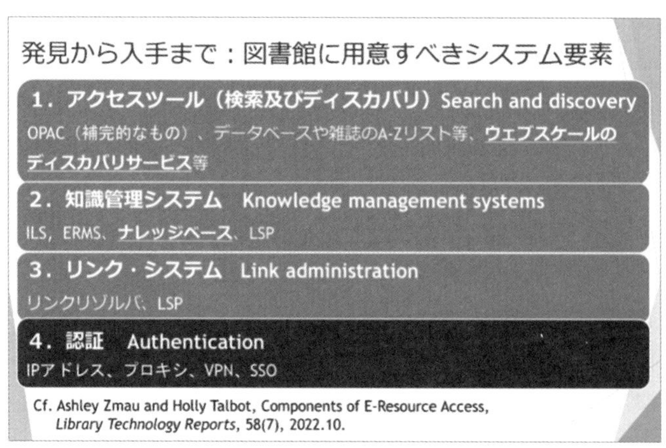

図４　スライド「発見から入手まで：図書館に用意すべきシステム要素」

また，そのようにして発見された二次情報からたどって原文献を入手する必要がありますが，「リンキング・システム」（二次情報と本文などをつなぐもの）によってディスカバリから入手まで円滑にできるようにもなっています。ここも飯野さんが言及してくれます。

また，利用者の認証プロセスの簡便化も必要ですが，本日は，スキップします。このようなものが図書館に用意すべきシステムです[5)]。

4. 知識の生産と情報や文化の共有・交換のための公共スペースの設定

ユネスコ公共図書館宣言が示唆する知識社会の図書館の第二の任務は，知識の生産と情報や文化の共有・交換のための公共スペースの設定です。ユニバーサル・アクセスは，資料の提供という図書館には慣れ親しんだことでわりと理解しやすいですが，こちらのほうは特にわが国の公共図書館では改めて考えておく必要があります。

知識創造は，むろん人々それぞれの思考がベースになりますが，私たちはそれが協働作業で大きく進展することを知っています。そのために図書館にはコワークできるスペースが必要です。大学図書館ではラーニング・コモンズが普及しましたが，伝統的な読書会や文化活動などというのも有効でしょう。また，メーカースペースやファブラボも単に子どもたちだけでなく，大人の知識の創造に寄与するものです。

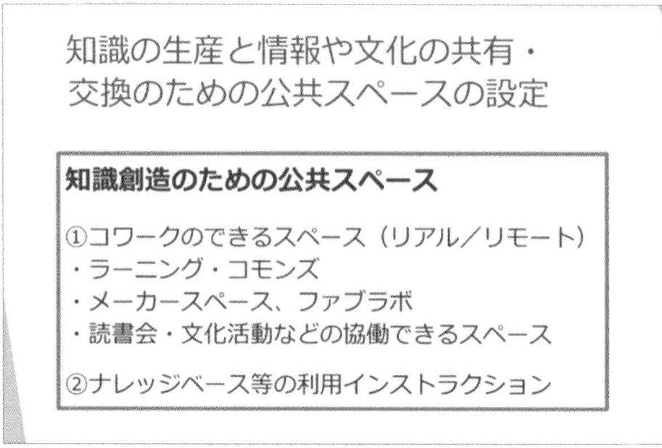

知識の生産と情報や文化の共有・
交換のための公共スペースの設定

知識創造のための公共スペース

①コワークのできるスペース（リアル／リモート）
・ラーニング・コモンズ
・メーカースペース、ファブラボ
・読書会・文化活動などの協働できるスペース

②ナレッジベース等の利用インストラクション

図５　スライド「知識の生産と情報や文化の共有・交換のための公共スペースの設定」

5. まとめ

知識社会の図書館には，一つはユニバーサル・アクセス，あらゆる資料を使いこなせるような支援が必要です。同じことではありますが，それは利用者の要求にきちんと対応することであり，頼りになる図書館をつくることです。そして，その基本は機関スケールではなく，ウェブスケールの展望で実現するものです。お二方のお話から，われわれの図書館には大きな課題があることがみえてきます。

またもう一つ，意味のある利用を可能にする支援を実現し，人々が知識を獲得できるようにすることです。知識ベース等を手軽に使い，これまでにはできなかった新たな発見を促しつつ，コワークスペースを用意し，そこを使ったイベントを企画し，知識生成の環境づくりをすることです。

本日の議論はいきおいユニバーサル・アクセスが主眼となり，この二つ目は，今日の議論ではカバーできず宿題となると思われますが，今後のために，二つ目の問題についても，いくつか意見などが出てくることも期待します。

これらユネスコ公共図書館宣言がとりあげた論点を，本日のシンポジウムで，ご議論いただければと存じます。

講演「電子リソースのナレッジベースと知のオープン化」

片岡 真（国文学研究資料館）

それではバトンタッチを受けまして，片岡のほうから「電子リソースのナレッジベースと知のオープン化」というようなタイトルで，お話をさせていただきます。

先に前提の話をさせていただくのですが，私は大学図書館，国立情報学研究所で学術情報や研究者・学生への情報支援に関わる仕事をしてきました。そのため，公共図書館の皆さまには，なじみの少ない話も出てくるのですが，知識社会に図書館が向きあうという，広い意味で捉えていただけると，共通する示唆とか気づきというのがきっとあるんじゃないかと思っております。私の話は，にぎやかな表（おもて）の検索サービスというよりは，裏方でどうやって図書館がデータを整備して，ナレッジベースというものを基盤にサービスを提供できるかというような話になっていくと思います。

最初にまず，電子リソース，それからナレッジベースというものが，どういう経緯で生まれてきたものなのかというような話をさせていただきます。その次に，日本の電子リソースについて。電子リソースというと電子ジャーナルとか電子書籍とか，辞書・事典がデータベース化されたようなものとか，いろいろありますが，日本は諸外国に比べてそういうものの電子化があまり進んでないといわれてきて久しい状況です。では今でもそうなのかというところを少しみていけたらと思います。それからナレッジベースについて。大まかには，電子リソースの管理・提供に必要な情報を集めたものというふうに理解いただければと思いますが，少し掘り下げて説明いたします。次はそのナレッジベースの活用ということで図書館の検索サービスにどう使われていくのかというお話になります。日本のナレッジベースということで，「ERDB-JP（Electronic Resources Database-JAPAN）」というものと，国立国会図書館がされている活動についても，紹介させていただきます。最後に，ちょっと飛躍気味にみえるかもしれないですけれど，電子リソースの整備・提供が，オープンで検証可能な知識社会とどうつながっていくのか，というところのお話ができればと思います。

1. 概略（電子リソースとナレッジベース）

まず電子リソースとナレッジベースの歴史の話です。1990年代後半から私の記憶しているところからだと，ちょうど就職した1997年ぐらいから，海外の商用の学術出版社を中心に図書館を対象とした電子ジャーナルの提供が本格化してきます。これは外国雑誌といわれているもので，大学の研究者が先行研究を探したり，研究成果を論文発表するための重要な媒体です。それがインターネットの普及に伴って，印刷体ではなくて電子化されたものの提供が始まったわけです。

2000 年代になると，10 万タイトル以上の電子ジャーナルが数千社に及ぶ出版社から提供され始めます。個人向けではなくて機関単位の購読契約が中心です。ここまでの話はお金を払って見るというものなんですけれど，インターネットの利点を使ってウェブから自由に利用可能なオープンアクセス誌というものも増えてきて，それをリスト化したようなサービス（DOAJ：Directory of Open Access Journals 等）も出始めます。

その当時は黎明期で，各出版社が提供しているアクセス情報（どんなタイトルがあって，ISSN という雑誌に振る識別子，どの年が利用可能か，アクセスするための URL は何かというもの）は，出版社や提供元によって形式がバラバラでした。大学図書館は，数千社の出版社が提供する電子ジャーナルの中から必要なものを契約して，利用者に提供するんですけれど，利用者の利便性のために利用可能なタイトルの URL を集約してリストを用意する作業に，とても苦労しました。

この世界各国の共通課題に対して，2007 年に記念碑的な報告書が出されまして，それはイギリスの UKSG（英国逐次刊行物グループ）という学術機関のグループの「Link Resolvers and the Serials Supply Chain」です。日本語だと「逐次刊行物の流通とリンクリゾルバ」というようなタイトルになりまして，これはどういうものかというと，関係している出版社，代理店，それから図書館が一緒になって電子リソースの標準化されたナレッジベースをつくり，そのナレッジベースを中核としたユーザサービスを構築する必要があるという内容です。これを受けて，それぞれの出版社，代理店，図書館が一緒になってサービスをつくりあげる動きが始まります。このとき生まれたのが，後で触れるケイバート（KBART：Knowledge Bases And Related Tools）というナレッジベースのデータ標準で，簡単に言うと，どのタイトルがどの URL で見られますというもののリストです。日本人はこの策定には関わっていなくて，ここに後からついていく形になっていきます。

2008 年ぐらいからは学術書の電子ブックの提供が本格化してきます。その後，2015 年とかそれより後ろになると思うんですけれど，ナレッジベースというものが，タイトル単位のリスト情報を超えて，論文の記事とか，図書の章の中とか，そういった単位のメタデータも集め始めるようになります。これは飯野さんの話で出てくると思うんですけれど，セントラルインデックスというような呼び方をされています。そういうものも集めて，ディスカバリーサービスを通じて，ちょっと調べたら今では 17 億以上の学術情報が探せているという状況になっています。

2. 日本の電子リソース

電子ジャーナル

少し身近な話題に移りまして，日本の電子リソース，ここでは個人向けのサービスではなく，図書館や法人向けに，どういったものが今サービスされているかというところを紹介していきたいと思います。多くは有償のサービスになりますが，公的機関などが無償提供するものもあります。

図 6　J-STAGE（科学技術振興機構）

（出典：https://www.jstage.jst.go.jp/）

まず電子リソースの始まりには，電子ジャーナルがあるんですけれど，科学技術振興機構の「J-STAGE」では，3900 種，560 万記事というたくさんのものが，多くは無償で利用できるようになっています。次に「メディカルオンライン」は，古くからライフサイエンス，生命科学分野の国内雑誌を多く電子化して提供されています。それから「日経 BP」の記事なども割と早い時期に電子的なサービスが始まっています。国立情報学研究所の「電子図書館サービス」は，この 1997 年から 2016 年という電子ジャーナルの黎明期に，日本の学会誌 1300 誌，それから大学等から出されている紀要類の電子化したもの 5900

誌，合わせて7200種類400万もの記事がCiNiiという検索サービスを通じて提供されていたんですけれど，役目を終えて，コンテンツはJ-STAGEであるとか，機関リポジトリ，それからこれも後で出てきますけれど，国立国会図書館のデジタルコレクションといったところに移行させて，サービスが終了になりました。このやめる時期に，ちょうど私が国立情報学研究所でサービスを担当させていただきました。

電子ブック・辞書・事典

次に，電子ブックについては，学術機関では紀伊國屋書店の「KinoDen（キノデン）」，丸善雄松堂の「Maruzen eBook Library」がよく使われています。辞書・事典類としてはネットアドバンスの「ジャパンナレッジ（JapanKnowledge）」が非常に豊富な種類の辞書・事典類，しかも研究でよく使われているようなものをデジタル公開されていて，学術機関では定番とな

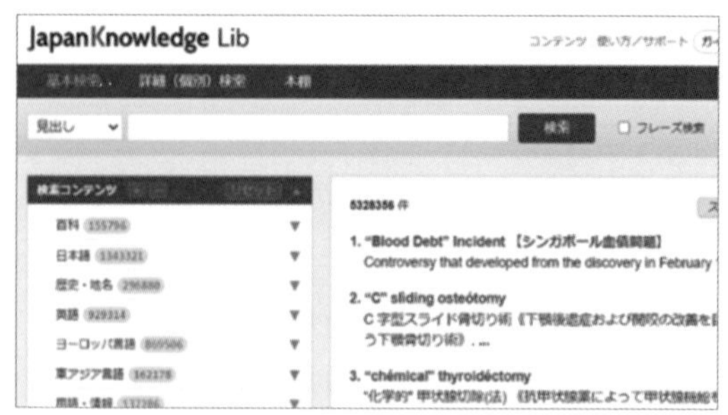

図7　JapanKnowledge（ネットアドバンス）

（出典：https://japanknowledge.com/library/）

っています。おそらく学校でも導入が進んでいるんじゃないかと思います。

新聞記事

新聞記事では，読売新聞社，毎日新聞社，朝日新聞社，日本経済新聞社の各社のものが電子公開されていて，さらに神戸大学経済経営研究所が出している「新聞記事文庫」のように，所蔵資料からデジタル化，切り抜きしたようなものなど，ユニークなコンテンツもいろいろあります。

生命科学

ここから先は各分野で必要とされているデジタル資料，電子リソースになります。生命科学分野では，「医中誌 Web」というあまねく文献が調べられるようなものや，「医書.jp」といった医学の専門書，「今日の診療」や「薬事日報 電子版」，「最新看護索引 Web」などがあり，医学や臨床の現場等でよく利用されているようです。

理工系

理工系では，文献を調べられる「JDreamⅢ」というものが古くからありますが，辞書・事典類で「化学書資料館」とか「理科年表」の電子化されたものがあります。電子ジャーナルでは，一つだけ挙げると，情報学分野に「情報学広場」というものがあり，学会誌，論文誌，英文誌がデジタル化されたものが利用できます。しかし，これらは全部利用料を払う必要があるモデルになっています。

法律・経済

法律・経済学の分野では，「e-Gov 法令検索」（総務省），「裁判例検索」（最高裁判所），「官報情報検索サービス」（国立印刷局）など。あとは企業情報だと「日経 NEEDS」（日本経済新聞社）といったサービスがあります。この分野には，他にも多くの電子リソースがあります。

人文・社会科学

次は，人文社会科学。この分野は電子化というよりは，手に取って見ることが重視されてきた分野ではあるんですけれど，例えば「ジャパンデジタルアーカイブズセンター（J-DAC）」

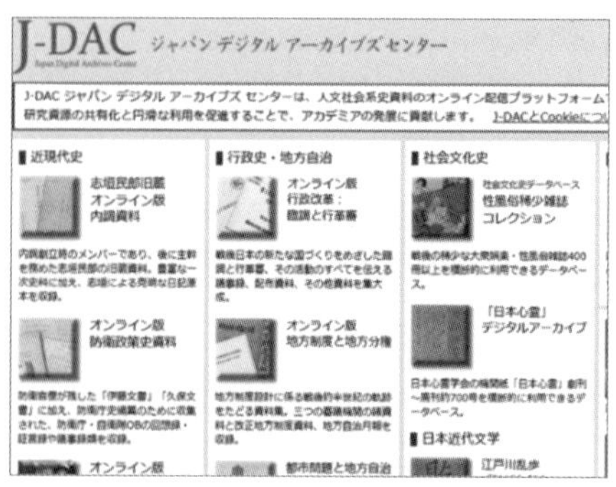

図 8　J-DAC（丸善雄松堂）

（出典：https://j-dac.jp/）

は大学や研究機関で持っているリソースを電子化していろんなものを公開されています。

古いところでは「大宅壮一文庫」がウェブで調べられるようになっている「Web OYA-bunko」。それから，手前味噌ですけれど，国文学研究資料館でも国内外の日本古典籍の書誌と全冊画像を収集・整備して，「国書データベース」を通じて無償公開しています。

その他

その他，これまでのカテゴリに入らないものとして，政府の統計の「e-Stat：政府統計の総合窓口」（総務省統計局，統計センター）や，特許の情報を調べる「特許情報プラットフォーム（J-PlatPat）」（工業所有権情報・研修館）も無償利用できるようになっています。

3. 刊行物の情報（電子リソースの整理・提供のために）

これまで紹介してきた電子リソースを，図書館が適切に整理・提供するためには，刊行物の構造についての理解が必要ではないかと思いますので，ここで簡単に紹介しておきたいと思います。

電子ブック

まず電子ブック（書籍を電子化したもの）は，1冊の本がタイトル単位で，タイトル単位のページに本文を見るためのリンクがあります。それを開くと，PDFとかHTMLで本文が見られます（図9）。こういう単独のタイトル単位というのはシンプルです。

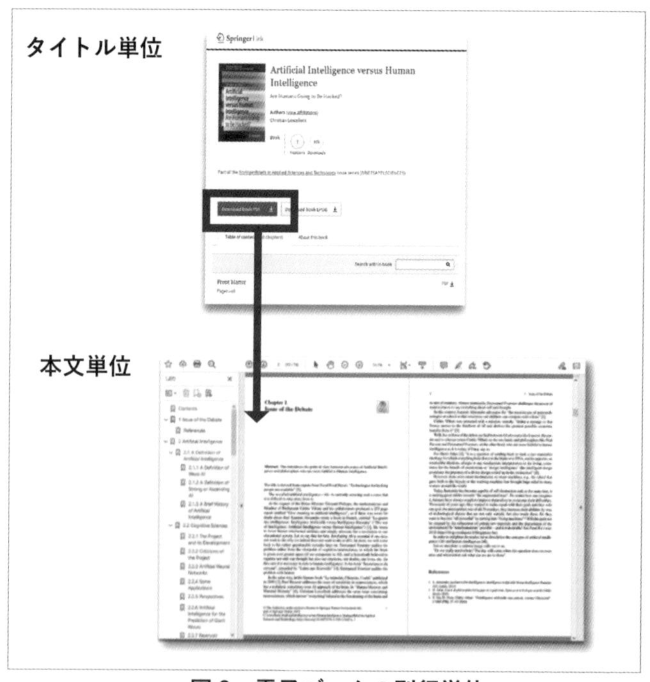

図9　電子ブックの刊行単位

（出典：Springer Link, https://doi.org/10.1007/978-3-030-21445-6）

電子ジャーナル

電子ジャーナル（雑誌を電子化したもの）は，まず1冊の冊子（＝号）を取り上げる前に，ジャーナルという単位があります。英語のタイトルになりますけれども，日本植物学会の『Journal of Plant Research』を例に挙げますと，『Journal of Plant Research』がタイトル単位で，その中には巻号が並んでいまして，巻の中に号，その号の中に目次があって，その中の一つ一つが論文で，みたいな感じに，多階層になっています。これ全部を検索サービスに入れるというのは，いきなりは実現していなくて，まずタイトル単位で情報を集めましょう，リスト化しましょうというのが，ナレッジベースの最初の取組みになります（図10）。

図書館の検索サービスは，どうやって情報を集めるか？

表に，図書館の検索サービスの情報源をまとめてみました（表1）。1番上の行は，図書館に所蔵している書誌・所蔵情報です。図書館の業務システムの中に格納されていて，そこからOPACみたいなサービスを通じて利用者に公開されます。それでは電子ジャーナル，電子ブックはどうやって情報を集め，整理するのかというと，先ほど紹介したタイトル単位で情報を集約します。これは概略のところで少し紹介したKBARTという標準形式によって，2010年に最初の推奨指針が示されて以降，アクセス管理だけではなく契約の管理を行うためにも使われています。

図 10　電子ジャーナルの刊行単位

（出典：Springer Link, https://doi.org/10.1007/s10265-020-01218-8）

表１　図書館の検索サービスの情報源

<table>
<tr><th colspan="2">情報の種類</th><th>取得元</th><th>メタデータ形式</th><th>受渡方法</th></tr>
<tr><td colspan="2">所蔵資料
（書誌，所蔵）</td><td>図書館業務システム</td><td>MARC21
CATP※国内</td><td>FTP
OAI-PMH</td></tr>
<tr><td rowspan="4">電子ジャーナル
・
電子ブック</td><td>タイトル単位
（書誌）</td><td>コンテンツ提供元
（出版社等）</td><td>MARC21
KBART※簡易情報
CATP※国内</td><td>Web サイト
FTP</td></tr>
<tr><td>タイトル単位
（所蔵）</td><td>コンテンツ提供元
（出版社等）</td><td>KBART</td><td>Web サイト
FTP</td></tr>
<tr><td>論文
単位</td><td>コンテンツ提供元
（出版社等）</td><td>MARC21</td><td>個別提供</td></tr>
<tr><td>本文
単位</td><td>コンテンツ提供元
（出版社等）</td><td>個別形式</td><td>個別提供</td></tr>
<tr><td colspan="2">デジタルコンテンツ</td><td>機関リポジトリ</td><td>Dublin Core
Juniii2/JPCOAR スキーマ※国内</td><td>OAI-PMH
ResourceSync</td></tr>
</table>

4. ナレッジベースとは

ナレッジベースのデータ標準（KBART）

ここでは，ナレッジベースのデータ標準である「KBART」について，少し深掘りしたいと思います。KBART という名前を覚えてほしいわけではないのですけれど，電子リソースをタイトルレベルでメタデータ交換したり集約したりする取り決めというふうに捉えていただければと思います。これは先ほどもちょっと紹介しましたけれど，世界の出版社とか代理店とか図書館が集まって，まずこういうスモールスタートでいきましょうと，誰もが対応できそうなところから始めた推奨指針になります。今現在，62 のコンテンツの出版社，提供元やナレッジベースベンダーが準拠しています。

KBART のデータ項目

データ項目を「書誌に関する項目」と「所蔵に関する項目」に分けて並べてみました（表 2）。

表 2　KBART のデータ項目（*は必須項目）

書誌に関する項目	所蔵に関する項目
プロバイダ／パッケージ名（ファイル名に記載）*	アクセスモデル*
タイトル ID*	カバー範囲*
タイトル*	カバー範囲に関する注記
資料種別*	タイトルレベル URL*
第一筆者	最古の提供出版年月日
出版者	最新の提供出版年月日
モノグラフのシリーズ番号	提供最古巻
モノグラフの版次	提供最古号
第一編者（モノグラフの場合にのみ使用）	提供最新巻
シリーズのタイトル ID	提供最新号
変遷前誌のタイトル ID	エンバーゴ情報
プリント版 ISSN／プリント版 ISSN	モノグラフの最古プリント出版年月日
eISSN／eISBN	モノグラフの最古オンライン出版年月日

必須項目は七つだけで，他はあれば必須という項目です。「書誌に関する項目」では，タイトル，資料種別，タイトルIDが必須になっています。タイトルIDは，データ更新の際など，システム的に必要になる項目です。「所蔵に関する項目」では，無償かどうか（アクセスモデル），契約した図書館では何年から何年までが利用できるか（カバー範囲），タイトルレベルURLが必須になっています。こういった26ぐらいの項目を共通項目として流通させる努力をしていまして，データ例は，必須項目に絞っていますけれども，こんなふうに，いろんな紀要とか学会が出しているようなもののリストも作ることができます（表3）。

表3　KBARTのデータ例

タイトル	出版者	プリント版ISSN	eISSN	タイトルレベルURL	最古オンライン出版年月日	最新オンライン出版年月日
鹿児島大学水産学部紀要	鹿児島大学水産学部	0453-087X		https://ir.kagoshima-u.ac.jp/search?search_type=2&q=4589	1952	
神奈川法学	神奈川大学法学会	0453-185X		https://kanagawa-u.repo.nii.ac.jp/search?search_type=2&q=12	1965-11-20	
国立新美術館年報	国立新美術館	2189-8065		https://nact.repo.nii.ac.jp/search?search_type=2&q=9	2006	2007
大阪医科薬科大学医学会雑誌	大阪医科薬科大学医学会	2436-5939		https://ompu.repo.nii.ac.jp/search?search_type=2&q=73	2023-09-30	

コンテンツ提供元（出版社等）の KBART データ

こうやって世界中の出版社が KBART 形式でのデータ提供に対応しています。大学図書館などはナレッジベース製品といわれているものを導入していて，その中でそのリストを管理しています。ナレッジベース製品では，個々のタイトルの管理もできるんですけれど，何々シリーズとか何々パッケージという単位で電子リソースを購入した際，その単位で自分の図書館の契約管理ができるようになっていて，利用者へリストや検索サービスを提供しています。図の右下が，今自館で何タイトル持っていますという集計表になっています（図 11）。

図 11　ナレッジベース製品による管理

（出典：Ex Libris - Intota Assessment）

5. ナレッジベースの活用（図書館の検索サービス）

次は，こうして整備したナレッジベースが，図書館の検索サービスに，どう使われているかというところを説明します。

ナレッジベースは，この図（図12）の真ん中下の部分（点線で囲まれている）で活躍します。ナレッジベースとして整理された電子リソース（電子ジャーナル，電子ブック，データベース）の情報が，所蔵資料の情報（中左），デジタルコンテンツの情報（中右）と一緒にOPACのような図書館の検索サービスで提供されます。利用者は，ここで見つけた電子リソースのリンクをクリックすることで，出版社や提供元のサイトに誘導され，本文を読むことができます。

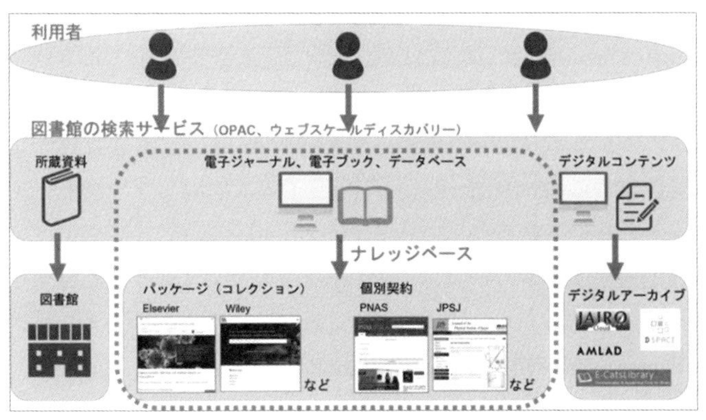

図12　ナレッジベースと検索サービス

また，OPACの発展形となるウェブスケールディスカバリーでは，自館で利用可能な所蔵資料，電子ジャーナル，電子ブック，デジタルコンテンツ以外にも，論文単位，本文の文字列からも探せるような仕組みがあります。

6. 日本のナレッジベース① ERDB-JP

日本でナレッジベースについて，少し見ていけたらと思うんですけれど，先ほど紹介したKBARTに準拠しているものとして，「ERDB-JP」というものがあります。これは国内で出版された，または日本語の電子ジャーナル，電子ブックのタイトルリストで，212の大学図書館等が参加して，一緒にメンテナンスをしています。KBART準拠ですけれど日本特有の，例えばNACSIS-CATのIDや，国立国会図書館の書誌ID，日本語特有のタイトル読みとか言語とか，そういった項目も加えています。こんなふうに一つのデータを例に挙げると，こんな感じで管理しています（図13）。

それを使ったら何ができるのかということですが，例えば早稲田大学の検索サービスで『甲南大学紀要』というのを見つけると，オンラインで見られますよということがわかるので，クリックすると甲南大学の機関リポジトリのページに飛んで，そこから本文を見ていけるというようなことが実現しています。他には「サイニィブックス（CiNii Books）」という国立情報学研究所が提供しているサービスでは，全国の本や雑誌の所蔵情報を探せるんですけれど，ERDB-JP に登録された国文学研究資料館のデジタル化した古典籍の情報が連携されていて，表示されたリンクから全冊画像を見ることができます。

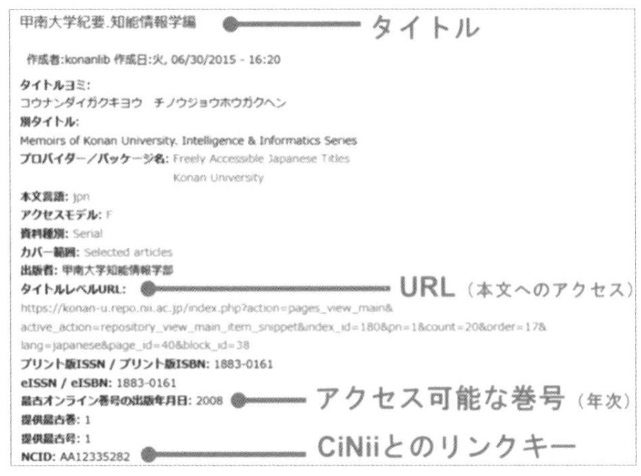

図 13　ERDB-JP のデータ例

（出典：ERDB-JP, https://erdb-jp.nii.ac.jp/ja/title/12254）

7. 日本のナレッジベース②　国立国会図書館

KBART を中心としたナレッジベース構築とは少し異なりますが，国立国会図書館では，収蔵資料のデジタル化や国内機関との連携によって，大規模に電子リソースの情報を集約しています。その活動内容について，『国立国会図書館ビジョン

2021-2025 -国立国会図書館のデジタルシフト-』（以下，「ビジョン 2021-2025」）の内容にも触れながら紹介していきます。

国立国会図書館デジタルコレクション

「ビジョン 2021-2025」では，この5年間で重点的に取り組む七つの事業を挙げていて，その一つが「資料デジタル化の加速」です。具体的には，「デジタルで全ての国内出版物が読める未来を目指し」ますということで，数値目標として「この5年間で100万冊以上の所蔵資料をデジタル化」が掲げられています。デジタル化された資料は，「国立国会図書館デジタルコレクション」を通じて見られるように整備が進められています。

インターネット資料収集保存事業（WARP）

「インターネット資料収集保存事業（WARP）」は，公的機関が中心ですが，全国のウェブページを収集しています。対象となったウェブサイトについては，過去に遡ってあのときどうだったっけ，みたいなことが見られるという使い勝手のよいサービスになっています。世界だと「インターネットアーカイブ（Internet Archive）」の「ウェイバックマシン（Way Back Machine）」というサービスがあるんですけれど，それに類似したものです。

法整備によるデジタル納本制度の本格化

「ビジョン 2021-2025」では，「デジタル資料の収集と長期保存」についても挙げられていて，「有償の電子書籍・電子雑誌の制度収集を開始し，著作者や出版者の協力を得て，安定的収集を実現します」という内容になります。これはちょっと大きな話なのかなと私は思っていますけれど，「オンライン資料収集制度（e デポ）」という事業が始まっています。国立国会図書館は納本制度で，冊子，印刷体の本は，あまねく納本することが義務付けられていますけれど，電子の世界でもそういうことが本格的に始まりました。2013 年に開始したときは，無償でアクセス制限がないものに限られていたんですけれども，2023 年 1 月からは，国立国会図書館法を改正して，有償とか閲覧制限のあるものまでを納入義務にしているという大きな進展がありました。これを単に「やりなさい」というだけの制度化ではなくて，出版情報登録センター（JPRO）がそれぞれの商用出版社と連携して，共通的な形式で図書の電子書籍とオーディオブックのデータを作り，JPRO と連携して電子納本を実現して，そのメタデータも集めるというような，やり方をされているようです。

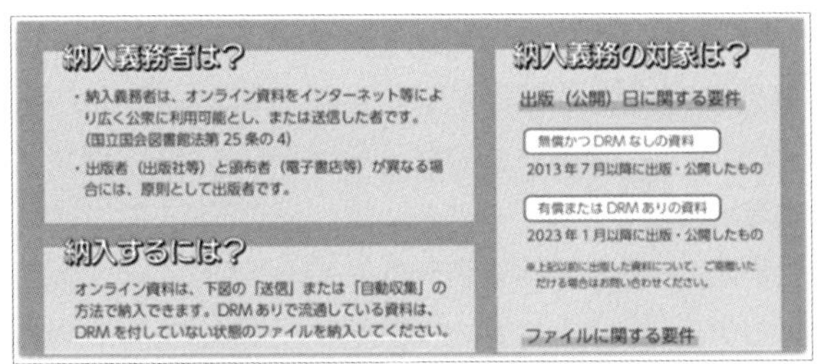

図 14　オンライン資料収集制度

（出典：https://www.ndl.go.jp/jp/collect/online/pdf/online_pamph.pdf）

それから，国立国会図書館に所蔵していなくてかつ入手困難資料，絶版とかのデータ収集事業も行われています。これは主に図書館を対象として，図書館が絶版のものをデジタル化した際は，国立国会図書館にも提供することができるというものです。提供するとどうなるかというと，必要な人が国立国会図書館の館内や図書館送信／個人送信の手順を踏むと，見られるというようなものになっています。絶版なので，このように国民の利便性を図ったとしても，商業的にも大きな影響がないと見込んでおられるのかなと思います。

国立国会図書館サーチ

国立国会図書館の所蔵資料や，全国の公共図書館，公文書館，美術館や学術研究機関等が提供する資料，デジタルコンテンツを統合的に検索できるサービスとして，「国立国会図書館サーチ（NDL サーチ）」があります。2024 年 1 月にリニューアルされるようですけれども，これまで説明してきたデジタルシフトの方向性に沿ったものに変えていかれるのだと思います。NDL サーチに関しては，「ビジョン 2021-2025」にあわせて策定された「国立国会図書館サーチ連携拡張に係る実施計画 2021-2025」に，連携の目的が示されてます。その一つが「図書館領域（書籍等分野）のアグリゲータとして，関係機関との連携の推進，多様なコンテンツのメタデータの統合的検索機能の提供の実現，メタデータの標準化，オープンライセンス化等の促進を図る。」というものです。アグリゲータというのは，データをいっぱい集めて，集約する組織というふうに捉えていただければと思います。オープンライセンスというのは，お金を払ったり，特別な手続きが必要というのではなく，自由に利活用できるライセンスということです。

メタデータ流通ガイドライン

ここで，国立国会図書館のように，国レベルで国内の関係諸機関とのデータ連携を推進するための重要な活動として，「メタデータ流通ガイドライン」を紹介いたします。

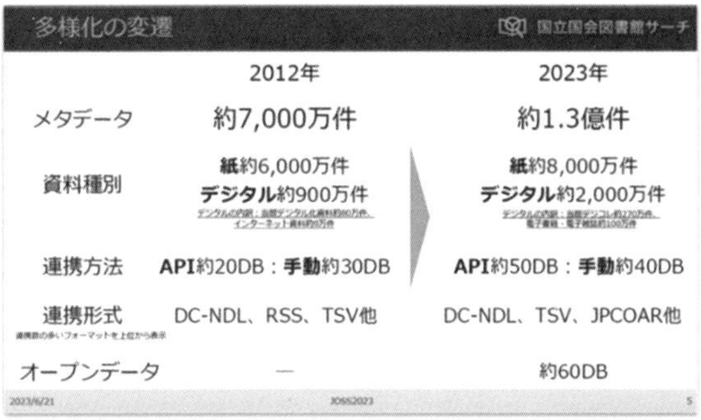

図 15　デジタル化の加速とメタデータの増大（国立国会図書館）

（出典：Japan Open Science Summit 2023. セッション E1「多様化するメタデータの共通基盤へ：走り出したメタデータ流通ガイドライン」, https://ndlsearch.ndl.go.jp/file/guideline/material/joss2023_e1_01_ndl.pdf）

図 15 は，NDL サーチが扱うコンテンツの 2012 年と 2023 年の比較で，デジタル資料の割合が非常に多くなっていることを示しています。メタデータが 7000 万件から 1.3 億件に増え

ていて，そのうちデジタル資料は増える割合が非常に多いことが，見て取れるかと思います。こうしたことを背景に，先ほどの KBART と同じように，タイトル，出版社，出版年，アクセス URL など，コンテンツの管理やサービスに必要な項目やデータの記述方法をとりまとめたものが，「メタデータ流通ガイドライン」です。図書館等で資料（コンテンツ）を整備し，メタデータを作成する担当者は，こういった情報をそろえておくと，NDL サーチのような国レベルのサービスと連携して検索可能になる，というものになります。このガイドラインは，国立国会図書館，JST（科学技術振興機構），NII（国立情報学研究所）や関係する組織が協力してとりまとめています。デジタルアーカイブに関しては，国文学研究資料館も協力させていただいています。今は共通編，研究データ編，古典籍編という三つのガイドラインが公開されています（図 16）。

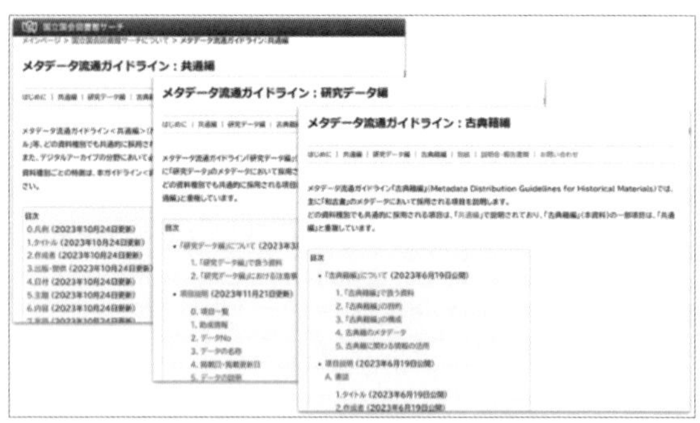

図 16　メタデータ流通ガイドライン

（出典：https://ndlsearch.ndl.go.jp/guideline）

ジャパンサーチ

最後に，「ビジョン 2021-2025」の中の「デジタルアーカイブの推進と利活用」という部分も確認しておきたいと思います。ここには，「図書館の領域を超えて幅広い分野のデジタルアーカイブを連携させる「ジャパンサーチ」を通じて，多様な情報・データがオープン化され，活用が促進される環境づくりを支えます。」と書かれています。ジャパンサーチのサイトには，キャッチフレーズとして「日本のデジタルアーカイブを探そう」と書いてありますけれど，私のなかでは，日本のデジタルアーカイブのショーケース，というふうに捉えています。NDL サーチのほうが全部，あまねく集めているのに対して，ジャパンサーチは全国各地の文化遺産の画像や，デジタルアーカイブといったものにフォーカスして，地域や季節，時代，人物，地図などからギャラリーとして紹介したり，キーワードやテーマから探したりする機能が備えられています。

8. オープンで検証可能な知識社会へ

図書館資料の拡がり

これまで，電子リソースやナレッジベース，知識の収集・提供について紹介してきましたが，まとめといたしまして，オープンで検証可能な知識社会の基盤となる，オープンアクセス，オープンサイエンスについて，最近の国レベルでの動きに触れてみたいと思います。

学術の世界の話になりますが，大学図書館では，これまで図書や論文，学位論文といった資料を中心に扱ってきました。一方で，日本だけでなく国際社会の要請として，研究公正，つまり嘘の論文を書いていないですよねとか，公的資金，つまり科研費（科学研究費助成事業）等の国の機関による研究助成による研究成果が，ちゃんと社会に還元されているのかとか，そういった社会的な圧力が強くなっています。そういったことにきちんと応えると，その研究成果を，専門分野を超えていろんな人が利活用していけるようになります。さらに国をまたいだ国際的な共同研究も進展しやすくなります。

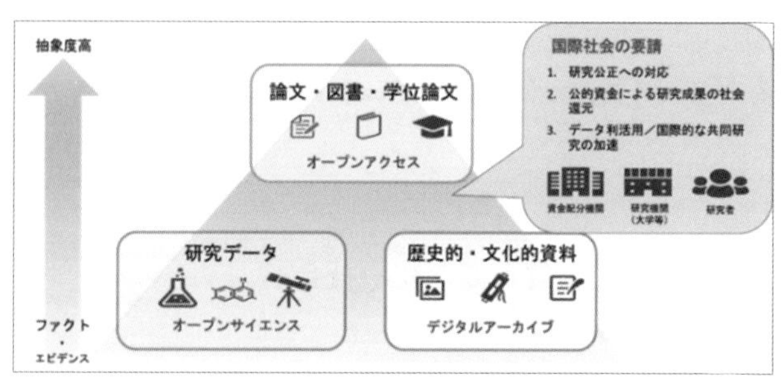

図 17　図書館資料の拡がり

オープンアクセスとオープンサイエンス

そのための活動として，まず図書や論文，学位論文といった研究成果をオープンアクセスにする取組みが，各国の政策として取り上げられ，世界中の大学や研究機関の間で実践されてきました。しかし，図書とか論文・学位論文というのは非常に抽象度が高く，研究過程の最後に，結果としてとりまとめる集大成みたいなものです。それだけではなくて，実は研究成果の根拠として，研究データがあるでしょう，分析した記録とか，観測したデータとか，いろいろあるでしょう。そういったものはどうなっているのかということが，研究不正や公的資金の使途についての説明責任などの観点から，問われるようになってきました。これがオープンサイエンスの動きとなり，世界の潮流になってきています。

デジタルアーカイブ

また，歴史的・文化的に価値のある資料についても，これまでは図書館や文化施設で来館者向けに閲覧に供していましたが，最近は，どれだけ活用されているかが重視され始め，施設が提供する価値として評価されるようになってきました。私が所属する国文学研究資料館では，「日本にはどんな古典籍や歴史的な資料があるの？」と言ったときに，どこにあるんだろう，あそこまで見に行かないといけないな，ではなくて，場所や国を超えてインターネット上で見られるように，国内外の所蔵機関と連携して，日本古典籍のデジタル公開を推進する事業を行っています。

図 18　古典籍のデジタル画像（国文学研究資料館所蔵:「うつほ物語」から）

（出典：国書データベース, https://doi.org/10.20730/200017526）

知のオープン化に向けて　－国レベルの動き

話を国レベルでの動きに移しますと，G7 や G20 といった国際会合の舞台でもオープンサイエンスが重要なテーマになっています。例えば G7 にはオープンサイエンス作業部会が設置され，2023 年 5 月には必要な取組みについて「G7 科学技術大臣の共同声明」が出されました。なぜ G7 のような大きなレベルで，こんな図書館が提供する研究成果情報が話題になるのかと思うかもしれませんが，それだけ先ほどお話しした国際社会の要請への対応が，社会の根幹に関わる大きなテーマになっているのだと思います。デジタルネットワークの進展が，研究資金の透明性や研究成果の共有の要請を生み，きちんと説明できない研究や，何かおかしな資金投入が，国際協調の阻害要因になってきている事情が読み取れます。

日本国内でも，内閣府が中心となり，オープンアクセスやオープンサイエンスを推進するための方針や関係先（公募型の研究資金，研究機関，研究者，研究データ基盤システム）に対する具体的な目標が示されています。オープンアクセスに関しては，『公的資金による学術論文等のオープンアクセスの実現に向けた基本的な考え方（2023 年 10 月 30 日）』に，「論文及び根拠データの学術雑誌への掲載後，即時に機関リポジトリ等の情報基盤への掲載を義務づける」と書かれています。

オープンサイエンスに関しては，研究データをきちんと管理・公開しましょう，ということですけれど，関係先それぞれの役割が定義されています。例えば，研究者は研究の過程でデータが作られたら，ちゃんとそのメタデータを付与して，検索可能になるようにしなさい，といったものです。また，2023 年度までに公募型の研究資金は研究データ管理ポリシーやメタデータ付与の仕組みを導入するとか，2025 年度までに研究者を抱えている機関（大学等）は研究データ管理ポリシーを策定して機関リポジトリに研究データを収載する，などが定められていて，それに向けて動いている状況です。それでは，検索可能になるシステムは誰が用意するのかというと，「研究データ基盤システム（NII Research Data Cloud）」を国立情報学研究所が整備することになっています。皆さんが利用できるサービスとしては，「サイニィリサーチ（CiNii Research）」ということになります。

CiNii Research

CiNii Research では，論文，図書といった従来からある研究成果に加え，研究データが探せるようになっています。一例として，国文学研究資料館の「日本古典資料調査記録データベース」があります。これは，全国にどんな古典籍があるかということを，国文学の研究者が調べ回った結果を蓄積したデータベースです。人文学なので，一般的な理工系や生命科学系の研究データとは異なるかもしれませんが，国文学研究資料館では，こうしたデータベースを皆さんが利活用できるように機関リポジトリに載せて，CiNii Research から検索できるようにしています。こういったものが，今後，日本中の大学等の機関から集まってきて，研究が行われるたびに CiNii Research に研究データが登録されていく世界ができるんじゃないかと思います。これも，研究成果のナレッジベースであるといえます。

図 19　CiNii Research

（出典：https://cir.nii.ac.jp/crid/1510297892117185408）

先ほどのメタデータ流通ガイドラインの話とつながりますが，研究データのメタデータは「メタデータ流通ガイドライン＜研究データ編＞」に沿って作成されます。そのため，CiNii Research に研究データのメタデータが集まると，将来的には，NDL サーチにもメタデータを渡すことができます。こういったことを前提にして，新しい公共図書館のサービスや，シティズンサイエンスといったことを考えてみると，これまでと違った将来像や活動が見えてくるかもしれません。皆さまのほうでも，今日の話をもとに，いろんなインスピレーションを湧かせて，日々の業務に活かしていただけると幸いです。ありがとうございました。

講演「ウェブスケールディスカバリーと知識社会」

飯野 勝則（佛教大学図書館／国立情報学研究所
オープンサイエンス基盤研究センター）

引き続きまして，私，飯野のほうから，「ウェブスケールディスカバリーと知識社会」ということで，片岡さんがお話しされたナレッジベース，それから永田先生のおっしゃっていた知識社会，そういったものと結びつく，システム的な「サービス」について少しご紹介させていただけばと思っております。

改めまして，私は飯野勝則と申します。京都にあります佛教大学図書館で専門員をしております。また国立情報学研究所のオープンサイエンス基盤研究センターで特任研究員をしております，よろしくお願いいたします。

さて，本日のアジェンダですが，近年，「ウェブスケールディスカバリー」と呼ばれるサービス，これが世界的に普及しつつあるという状況になっております。このウェブスケールディスカバリーですが，大学図書館にお勤めの方の間では，けっこうメジャーな存在になっていると思いますが，公共図書館にお勤めの方だと，その名前は初めて聞いたという方も多くいらっしゃると思います。今日はそのような状況を踏まえまして，そもそもウェブスケールディスカバリーとは何なのかというところを起点に，お話をさせていただければと思っています。海外の状況を申しますと，ウェブスケールディスカバリーは，大学図書館のみならず，公共図書館でも採用が進みつつあります。このようなサービスが，館種を問わず，世界的にメジャーになりつつある状況下で，永田先生がおっしゃっていた知識社会というものにどう貢献しているのか，あるいは貢献できるのかというところを考えることができればと思っております。

1. ウェブスケールディスカバリーとは？

ウェブスケールディスカバリーの例

まず，ウェブスケールディスカバリーというのは何かという話を少しさせていただきます。一番簡単な例として，ウェブスケールディスカバリーのトップ画面がどのようなものかをお見せしたいと思います。

図 20　佛教大学図書館「お気軽検索」のトップ画面

（出典：https://bukkyo.summon.serialssolutions.com/）

これが，われわれの大学で使っているウェブスケールディスカバリーのトップ画面の画像になりますが，迷いようがないデザインになっていることがお分かりになると思います（図 20）。単一の検索窓のみが画面の中心に存在しており，明らかに Google のような検索エンジンを意識したデザインになっています。これがウェブスケールディスカバリーのトップ画面の典型的な例になります。では検索をするとどのような結果を表示するのかもお示ししましょう。

図 21　「お気軽検索」検索結果の画面例

これがその検索結果の画面ですが，真ん中に，「万葉集」に関係する本が三つあがっていますね（図 21）。右側を見ていただくと，万葉集に関係するような辞書・事典の項目みたいなものも検索結果として表示されている。左側を見ていただくと，この検索結果に関係する，さまざまな絞り込みをするための項目も表示されています。これは非常に「視覚化」，別の言い方をすれば「見える化」された検索結果ということになります。

ウェブスケールディスカバリーのあらまし

さて，先ほどからウェブスケールディスカバリーと連呼しておりますが，その正式名称は「ウェブスケールディスカバリーサービス（Web Scale Discovery Service：WSD）」です。そう言われると，思い当たる方もいらっしゃるのではないでしょうか。「ディスカバリーサービス」なら知っていると。そのご認識のとおりです。ディスカバリーサービスには，いくつかの種類があるのですが，その一つがウェブスケールディスカバリーということになります。詳しく述べると，ディスカバリーサービスの中でも，特に「ウェブスケールな」ディスカバリーサービスを指して，ウェブスケールディスカバリーと呼ぶということなのです。

このウェブスケールという言葉には非常に大きな意味があって，それを冠することで，このサービスがディスカバリーサービスの進化系であるという意味を示しています。ディスカバリーサービスといってもまったく構わないのですが，進化系としての意味を明確にするならウェブスケールディスカバリーと呼ぶほうがより適切かもしれません。

2.「ウェブスケール」と「ディスカバリーサービス」

「ウェブスケール」とは？

さて，ではこのウェブスケールとはどういう意味なのでしょうか。ウェブスケールという言葉は，世間で広く使われているものではありません。初めて聞く言葉だという方もいらっしゃるでしょう。ウェブスケールとは，そもそも OCLC（Online Computer Library Center）という，さまざまな図書館が加盟する世界的な規模の非営利組織がありますが，そこが発行した報告書に書かれている言葉です。ウェブスケールとは図書館本来のスケールである，「インスティチューションスケール」，これは「機関スケール」ともいいますが，その対義語にあたる概念として定義されています。つまり図書館一つであれば，それは機関スケールという大きさ，あるいは規模感で捉えることができるということです。一方でウェブスケールは，ウェブ全体を指すようなきわめて巨大なスケールを指す言葉であり，図書館をはるかに超えた巨大なスケールを形容すると考えていただいたらよいと思います。実際，情報あるいは知識というものの規模感を扱ううえで，スケールは非常に重要な概念となっています。

ところで実際のスケールの種類というのは 2 種類にとどまりません。先ほど述べたように，一つの図書館であれば，それは機関スケールということになりますが，それが複数集まった場合，例えば日本全国の図書館が集まったらどうなるかというと，これは「グループスケール」という概念で捉えることができます(図22参照)。先ほども述べましたが，それらを超えた，ウェブ上に存在するあらゆる情報資源や知識を網羅するようなきわめて巨大な規模を指す場合には，ウェブスケールという捉え方をするということになります。スケール論は，情報資源や知識の規模感を表現するうえで，非常に便利な考え方ですので，知っておいていただけるとよいかと思います。

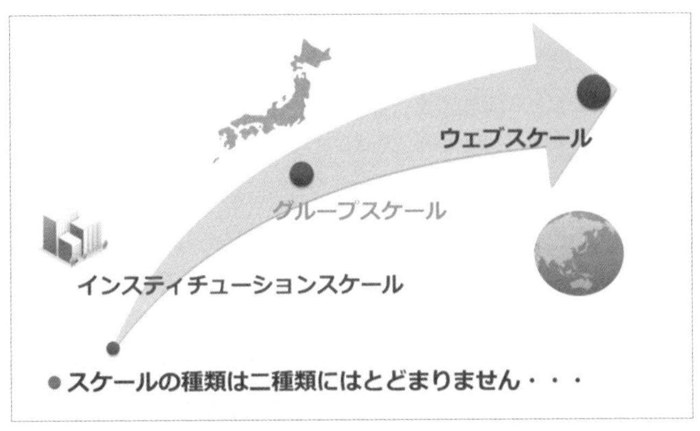

図22　スケールの種類

ディスカバリーサービスとは？

さて，ディスカバリーサービスの生い立ちについても少し話をさせていただければと思います。ディスカバリーサービスの誕生は2001年，今からだいたい22年前ということになります。当時の図書館では，OPAC，すなわち蔵書検索というシステムはすでに存在しており，図書館員や利用者に活用されていたのですが，機能的に限界を感じる状況でもありました。つまり当時の出版界では，それまでの「紙」の本に加えて，CD-ROM形式のコンテンツが出版されるなど，多様な形態の資料が出版されるようになり，それらを図書館で扱わなければならない状況となっていたのです。ところが OPAC で図書館の蔵書を検索しても，検索結果は単なる無味乾燥なリストでしかありません。これではどの結果が，「紙」の本を示すものなのか，どれが CD-ROM のコンテンツの検索結果なのかを簡単に区別することができません。これを直感的にわかりやすく表示できるように，サービスとしてこういったものが生まれてきたということになります。

かつては，ディスカバリーサービスを「次世代 OPAC」という言い方で表現していたこともありますが，これは基本的にはリスト化から視覚化，つまり見える化へのシフトを示すという意味合いがあって，広く受け入れられました。先ほども言いましたとおり，さまざまな情報を非常にわかりやすく表示できるという点が評価されたということになります。ディスカバリーサービスの発祥はオランダです。現在は世界中の大学図書館を中心に普及していますが，意外なことに，もともとは公共図書館から生まれた，公共図書館のニーズに沿ったサービスだったということは，述べておきたいと思います。

ディスカバリーサービスの例をお見せしておきましょう。

これは「ウェブスケールではない」ディスカバリーサービスの検索結果を表示した画像です（図 23）。先ほどお見せした，ウェブスケールディスカバリーの検索結果を示す画像と，画面構成はあまり変わらないことに気がつかれると思います。画像の真ん中には，「紫式部」という図書の検索結果があがっていて，その図書がどこに所蔵されているのかが一目でわかる構成となっています。そして左側には，資料種別とか件名／キーワード，言語という項目で絞り込みができる領域が配置されています。このような画面構成，言い換えればデザインが，ディスカバリーサービスの検索結果画面における基本設計ということになります。

では，ウェブスケールディスカバリーと比べた場合の違いはどうなのかといえば，繰り返しになりますが，基本的には画面構成に変化は見られません（図 21 参照）。

図 23　ウェブスケールではないディスカバリーサービスの例

右側に辞書・事典の検索結果が表示されていますが，基本的には真ん中に，図書をはじめとするコンテンツの検索結果が表示され，左側に絞り込みの領域が配置されるという形になっています。これは，人間の視線移動を分析したときに，最も見やすく情報を把握しやすいものになるとされるパターンに基づいています。これを「F 型パターン」といいますが，ディスカバリーサービス，そしてウェブスケールディスカバリーは，この理論に沿った形で画面が構成されているのです。

なぜ「ウェブスケール」といえるの？

ディスカバリーサービスとウェブスケールディスカバリーの違いは何かというと，これは非常にシンプルです。つまり，ウェブスケールディスカバリーでは，さまざまなウェブ上の「電子」の情報資源を検索できるようになっていますが，それ以外のディスカバリーサービスにはそういった機能はありません。

このスライドの真ん中にある「お気軽検索」と表示されている部分がウェブスケールディスカバリーだと思ってください（図 24)。「お気軽検索」というのは，佛教大学図書館で利用しているウェブスケールディスカバリーの名称ですが，矢印で示しているように，そこに向かって，ウェブ上に存在する電子ジャーナルや電子ブック，あるいは無償で論文を公開する「機関リポジトリ」のデータが流れ込んでいます。しかも，それらのウェブスケールに属するデータは，佛教大学図書館の蔵書データと合わせて検索ができるようになっています。このように，ウェブスケールに属するコンテンツを検索できるディスカバリーサービスを指して，特に「ウェブスケールディスカバリー」と呼んでいるのです。

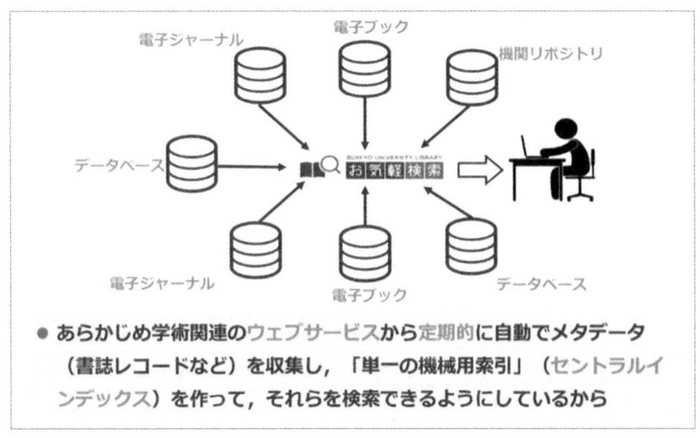

図 24　スライド「なぜ『ウェブスケール』といえるの？」

この仕組みですが，あらかじめ学術関連のウェブサービスから定期的にかつ自動でメタデータと呼ばれている書誌レコードなどを収集し，単一の機械用の索引，これを「セントラルインデックス」といいますが，それをシステムの内部に自身で構築し，それを用いて検索できるようにしています。それゆえ，検索速度は非常に高速で，かつ非常にわかりやすい検索結果が表示されるようになっているのです。

この仕組みは，検索エンジンの巨人である Google とさほど変わりません。Google も自分専用の機械用の索引，つまり「インデックス」をその内部に自分自身で構築しています。Googleでは,「ロボット」や「クローラ」と呼ばれるプログラムを通じて，さまざまなウェブサイトに機械的にアクセスすることで,索引を作るためのデータを収集していますが，ウェブスケールディスカバリーはそれに近い仕組みを有しているのです。

ウェブスケールディスカバリーの機能と特徴（まとめ）

結局のところ，機関スケールに属するコンテンツから商用のデータベースに至るまで，統合的に検索することができ，その結果を視覚的に工夫された，見える化を旨としたデザインで表示できる検索サービスが，ウェブスケールディスカバリーということになります。

その他にも，さまざまな機能と特徴がありますが，ディスカバリーサービスがウェブスケールディスカバリーであるための四つの要件というのが定義されておりますので，紹介しておきたいと思います。まず一つ目がクラウドサービスであることです。要するに，図書館が専用のサーバを設置する必要はないということです。二つ目は，先ほど述べたように自分自身の内部に機械用の索引を構築していることです。かくして検索の待ち時間は最短に抑えられますし，検索結果の再現性が担保されます。そして三つ目は，その索引を自動で更新していることです。つまり，利用者は常に最新の検索結果にアクセスできることになります。最後の四つ目は，ウェブスケールディスカバリーは単一の検索窓をもっており，検索結果は「関連度」順で表示されるということです。これにより，初心者でも検索に迷うこともなく，利用者の感覚に沿った特定のアルゴリズムによって，重みづけがされた順番で表示された書誌レコードを利用できるということになります。

3. ウェブスケールディスカバリーと公共図書館 ―デザインの観点から

ファセットナビゲーションを考える

さて，今日お話をしたい内容の一つは，このウェブスケールディスカバリーと公共図書館がどのような観点で結びつくのかというところです。そこで，まずはそのデザインに目を向けてみたいと思います。

そもそも公共図書館のニーズを吸収する形で誕生したディスカバリーサービスですが，その最も目を引く特徴は画面の左側を占める，絞り込みを行うための領域です（図 25）。この絞り込み機能は，「ファセット」と呼ばれる概念を用いて動作する項目が多く，それらは「ファセットナビゲーション」と呼ばれます。

切り口（ファセット）

ファセットとは何か，これは英語で「切り口」という意味を持つ言葉です。ファセットには検索結果に応じて動的に生成されるという特徴があります。つまり検索結果の中にはどういう共通性があるのかということを判断して，それを絞り込むための見出しとして生成して表示をする。この動的につくられるというところが，ファセットナビゲーションの一番大きな特徴です。

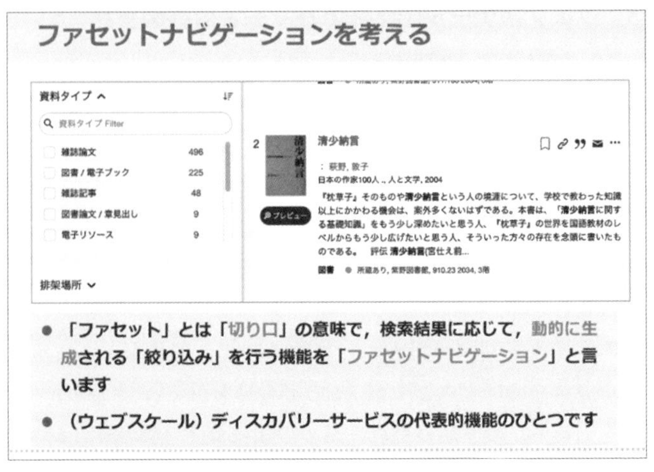

図 25　スライド「ファセットナビゲーションを考える」

なぜこの機能が重要なのかといえば，「モノ」についてはそれを類型によって分けるためのさまざまな切り口というものがあるからです。例えば，このグループは野球に関わるモノのグループであるとか，こっちはサッカーに関わるモノのグループであるというような形で，モノを類型化することができます。情報がモノであるかといえば，そうではないかもしれませんが，実際には情報についても同じように切り口を用いて分類を行うことができます。この切り口によって情報を分類できるというのは，きわめて重要な意味を持ちます。つまり，利用者が情報についていだくイメージというのは無数に存在をしていて，また情報どうしの関連性を見いだす観点もまた無数に存在していることから，情報を分類するための切り口も無数に存在するということになるからです。

アイコンを分類してみましょう

ファセットの意味を考えるため，皆さんと分類作業を行ってみたいと思います。皆さんの前には，多くの乗り物のアイコンが表示されていると思いますが，このアイコンを分類するとしたら，どのように行うのがよいでしょうか(図26)。

図26　スライド「アイコンを分類してみましょう」

いくつかの分類方法が考えられますが，例えば乗り物の類型，つまり種類を切り口として分けるという方法があります（図27）。

図27　アイコンの分類（乗り物）

他にも，分類の切り口は当然存在するわけですが，

図 28　アイコンの分類（動力）

次の場合はどうでしょうか（図 28)。一目見ただけでは，混乱するかもしれません。でもこの分類には，意外な切り口が存在しています。おわかりになりますか。

答え合わせですが，まず自転車に注目してみましょう。言うまでもないと思いますが，自転車は人が乗って，足でこぐことによって前に進む乗り物です。つまりその動力は人力ということになります。しかし，残りの乗り物はどうでしょうか。飛行機も車も船も，基本的には内燃機関を動力として動作するものです。つまり，この分類は動力を切り口にして行われたということになります。このような切り口での分類は，現実性がないと思う方がいらっしゃるかもしれませんが，実際には無視するわけにはいきません。なぜなら利用者が持つ発想の切り口を他者である図書館員が制限することはできないからです。利用者が情報を探す際に，こういった意外ともいえる切り口を念頭に置いた場合があるということは，認識しておく必要があるのです。利用者には利用者の自由な発想があります。その自由な発想をもとに情報を絞り込みたいと思うのは自然なことなのです。ですから，このような欲求を受けとめ，具体的な絞り込み手段として，動的に生成されるファセットナビゲーションを提供するというのは，利用者本位の検索サービスを実現するうえで，きわめて重要だと考えます。

切り口の多様化の例

実際，公共図書館の方であれば，利用者が抱えるさまざまな要求に対応されていると思います。例えば中央図書館の DVD のみを検索結果で表示したいというような方に出会うことがあるかもしれません。あるいはマイクロフィルムと紙の図書だけに検索結果を絞り込みたいという方に対応することもあるでしょう。さらには特定のキーワードに関して，年代とか言語で絞り込みを行いたいという人がいらっしゃったかもしれません。図書館員というのは，こういった利用者の要求に，丁寧に答えてあげたいという気持ちを普遍的に持っていると思います。でも利用者の要求は，常に顕在化するわけではありません。いわゆる潜在要求のほうが圧倒的に多いはずです。となると，利用者が自ら思う切り口で必要とする情報を発見できるようにサービスを整える必要が重要であるということになります。

ファセットナビゲーションの需要

そういう意味では，利用者が資料を探す際の切り口としてのファセット，これが多様化したことにうまく対処することが必要になります。つまり，利用者が持つ自ら求める情報を発見したいという思い，あるいは新たな知識を発見したいという思いを受けとめる手段を提供することが求められます。要するに，利用者が多様化する資料の検索結果に対して，自らの切り口で絞り込みを行うことができ，かつ資料自身の性質を直感的に一目で判断できる表示方法が必要になったということです。これがディスカバリーサービスの登場時，すなわち2001年当時にオランダの公共図書館に課せられた課題だったのです。ファセットナビゲーションと，リスト化から視覚化，見える化の流れは，これらの欲求を受けとめるために，表裏一体の関係として出現したといえるでしょう。

「リスト化」時代のOPACでは･･･

次にお示しするのはリスト化時代の OPAC の画像です（図29）。

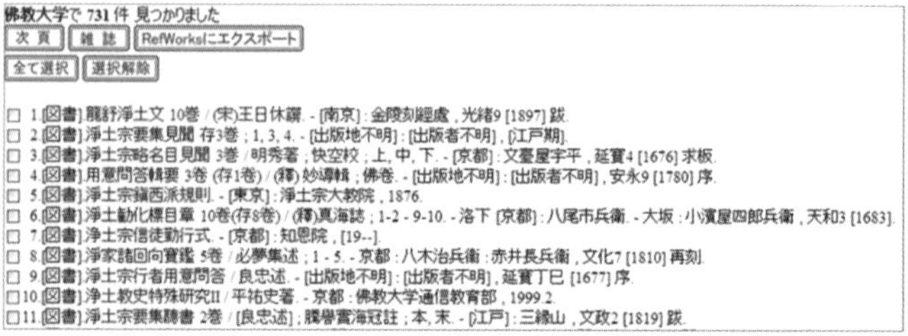

図29　「リスト化」時代のOPAC検索結果画面

漢字で表記された図書のタイトルが数多く並んでいますが，これを見たところで，これらがどういう形態のものなのかというのは直感的に判断できません。実際，検索結果でこのようなリストのみを示されても，利用者は目的の資料を見つけにくいわけです。実際，デジタル画像や，マイクロフィルムでの閲覧を念頭においていても，それが含まれているか否かを瞬間的に判別できません。このことがオランダの公共図書館で課題とされ，結果，ディスカバリーサービスが生まれたということになります。

ディスカバリーサービス（ウェブスケールでない）

オランダで生まれた世界最初のディスカバリーサービスの画像もお見せしたいと思います。「アクアブラウザ（Aqua-Browser）」と呼ばれた製品です（図 30）。

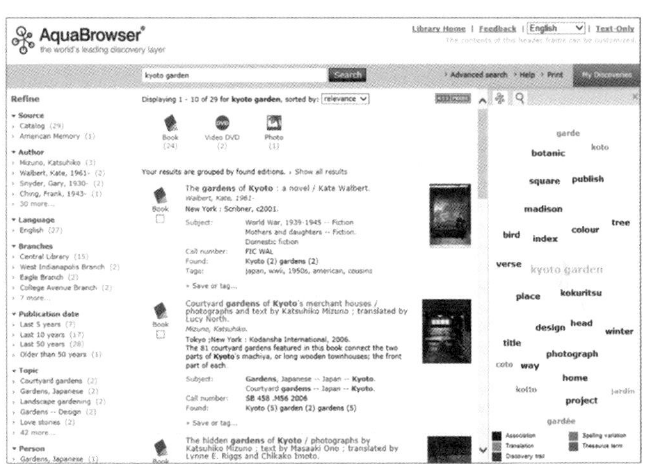

図 30　AquaBrowser の検索結果画面例

真ん中に，さまざまな図書の検索結果が表示され，左側の領域にファセットナビゲーションが位置しています。右側のところには，検索語とインデックスに収録された索引語の関係性を示す図が配置されています。オランダの記録によると，最盛期には 9 割以上の図書館がアクアブラウザを導入していたそうで，非常に好感をもって受け入れられたことがわかります。

ファセットナビゲーションの意義と課題

このようにファセットナビゲーションはデザイン的に見ると非常に意義があることになります。つまり統合的な目録という形でウェブスケールディスカバリーを位置づけた場合に，膨大な情報を，利用者の直感に沿って分類をすることで，目的の情報に行き着くことができる手段として機能するからです。これは「ユーザオリエンテッド（User-oriented）」と称される利用者本位のコンセプトに基づいた画面設計を実現しているといえます。

ただし課題もあります。直感的なデザインではあるけれども，Google に慣れた利用者にはハードルが存在しています。というのも，Google ではウェブスケールディスカバリーの本質ともいうべき，ファセットナビゲーションというものは存在しないため，利用者がその活用に踏み出すことができない場合があるからです。Google は，検索結果を画像や動画，あるいはニュースなどに絞り込むための「リファイン」という機能は持っていますが，ウェブスケールディスカバリーにおけるファセットナビゲーションほど，重要かつ目立つ存在にはなり得ていないという現実があります。

Googleのリファイン機能

Google のリファイン機能ですが，皆さんは利用したことがありますでしょうか。Google の検索結果の画面で，検索窓の直下に表示される「すべて」とか「画像」，「ニュース」，「動画」といった一群のアイコンが，その機能に当たります。これらをクリックすると，項目に応じて，検索結果の絞り込みができるようになっているのです。

固定化された絞り込みを行うための機能は，一般的にリファインといわれます。動的に絞り込み項目を変化させるファセットナビゲーションとは性質が異なることは言うまでもありません。絞り込みを行うという点では類似していますが，ウェブスケールディスカバリーのファセットナビゲーションとは機能の表示エリアも異なりますし，Google に慣れた利用者がウェブスケールディスカバリーのファセットナビゲーションに戸惑う事象というのは，続いているというのが現状です。

ウェブスケールディスカバリーと公共図書館

ウェブスケールディスカバリーの公共図書館への適用を考えてみると，日本国内では，大学図書館での利用が中心ですが，海外では公共図書館の採用も増えています。そもそもディスカバリーサービスが，オランダの公共図書館のニーズから生まれたということが背景にありますから，当然のことかもしれません。ですので，ウェブスケールディスカバリーは，日本の公共図書館でも受容できる可能性があると思っています。実際に，日本の公共図書館でもすでに導入の実績があります。例えば，奈良県立図書情報館，あるいは東京都立図書館の事例はお聞き及びかもしれません。問題があるとすれば，公共図書館としてウェブスケールディスカバリーを扱う際に，機関スケールを超えた，グループスケールやウェブスケールに属する資料を，どのように検索結果に表現し，それを活用していくのかという部分を明確にする必要があるという点だと思います。

4. 国外の公共図書館での活用事例　―知識社会を支えるインフラとして

アイスランドの公共図書館に特化した「Leitir.is」

まず国外の公共図書館での事例をご紹介したく思います。非常に大規模なものとしてアイスランドでの活用実績があります。アイスランドは北緯63°以北に存在する国で，首都はレイキャビクです。かなり北方のヨーロッパの国ですが，最近は大規模な火山噴火のニュースなども放映されていますし，ご存じの方も多いかと思います。アイスランドでは公共図書館に特化したウェブスケールディスカバリーが用意されており，「レイティアアイエス（Leitir.is）」という名で，広く活用されています。これはアイスランドの西部地域にあるアクラネース公共図書館における「レイティアアイエス」のトップ画面を引用させていただいたものです（図 31）。

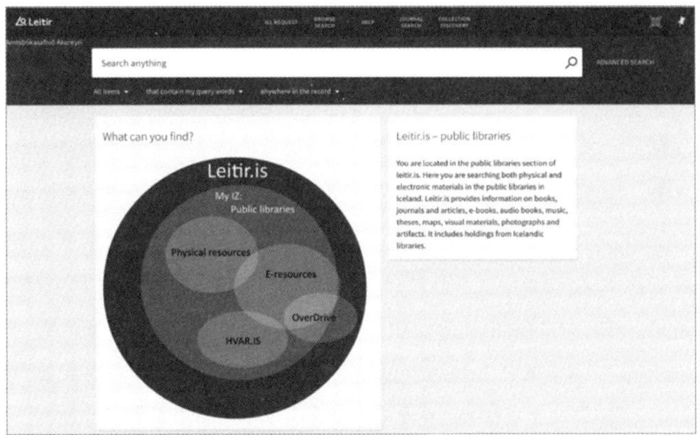

図 31　アクラネース公共図書館 Leitir.is のトップ画面

（出典：https://akranes.leitir.is/discovery/search?vid=354ILC_ALM:01001&lang=en）

真ん中に“What can you find？”と書いてあって，「Leitir.is」という大きな円が描かれています。その中には「My IZ」とありますが，IZ は「インスティチューションゾーン」という意味で，インスティチューションスケール，つまり機関スケールのことだと思っていただいたらよいかと思います。その中に「紙」の図書を示す「Physical resources」，つまり物理的な資源という用語や，データベースなどの電子の資源を示す「E-resources」といった用語が見えます。「OverDrive」は電子ブックのプラットフォームですが，そういったものが検索できるようになっていることが，視覚化，見える化されていることがわかります。

「Leitir.is」の特徴

レイティアアイエスでは，各公共図書館に専用の検索画面が用意されています。これにより，その図書館の「紙」の蔵書に加えて，利用可能な電子ブックや電子ジャーナル，データベースなどの検索結果が表示できるようになっています。つまり，ウェブスケールディスカバリーとして利用が可能であるということになります。さらには，各図書館の属する地域に応じて，近隣の他の図書館や博物館のコレクションも検索できるようになっています。これは，地域というグループスケールに属するコレクションが検索できるということを意味します。アクラネース公共図書館は西部地域にありますので，この図書館のレイティアアイエスでは，西部地域の図書館や博物館のコレクションがまとめて検索できるということになります。レイティアアイエスは，アイスランド国内のすべての図書館が，コンソーシアムを組んで採用しています。ですから西部地域のみならず，首都圏地域とか東部地域といったところでも，専用の検索画面が用意されていて，それぞれが自分たちに最適化されたウェブスケールディスカバリーを使っているという状況になっています。

さまざまな「電子」の資料の検索結果

実際にレイティアアイエスを検索した画面をお見せしましょう（図 32）。本来はアイスランド語の本の事例を示すことができればよいのですが，私はアイスランド語がわかりませんので，とりあえず英語での検索結果とさせていただければと思います。

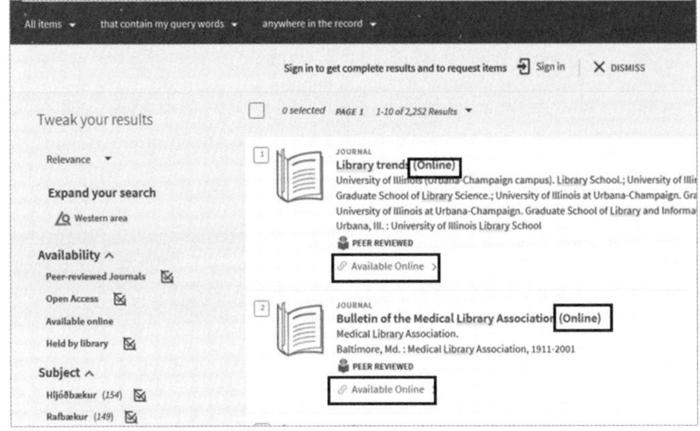

図 32　Leitir.is の検索結果画面（検索語：Library）

これは「Library」という用語を検索した結果です。中心には，資料の検索結果が示されていますが，一番上に「Library trends (Online)」とある書誌レコードを見ることができます。

その下部に「Available Online」とありますが，これはその資料は「電子」形態で閲覧することができるという意味です。2 番目も同じように「(Online)」と，「Available Online」の組み合わせになりますから，これも「電子」で閲覧できるものということになります。左側の領域は，ファセットナビゲーションを提供する領域ですが，「Expand your search」とあり，また「Western area」とあります。ここで「Western area」，つまり西部地域を選択すると自館の蔵書に加えて，西部地域の他の図書館の蔵書などが検索できるようになります。

信頼できる「オープンアクセス資料」への誘導

ウェブスケールディスカバリーの検索結果が誘導する「先」には，「オープンアクセス」と呼ばれる資料が豊富に含まれています（図 33）。

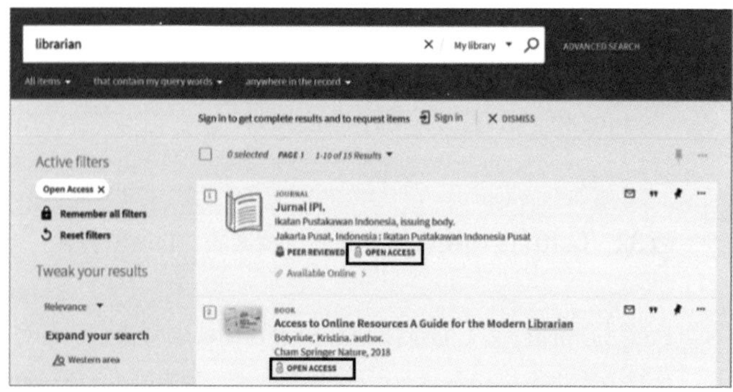

図 33　Leitir.is の検索結果画面（絞り込み：Open Access）

オープンアクセスというのは，費用などの制限をかけることなく自由にアクセスできることを指しますが，近年は電子ジャーナル，あるいは電子ブックでも，オープンアクセスとされるものが増加しています。これらは，いわばインターネット上に展開している無償で自由に利用できる知識，学術情報ということになるかと思います。ウェブスケールディスカバリーが，これらに誘導する機能を有していることはきわめて重要です。というのも，オープンアクセスの資料はウェブ上に公開されたとしても，図書館に通知があるわけではありません。しかしウェブスケールディスカバリーを使うと，オープンアクセスの資料の存在を効率的に把握できるようになります。例えば出版社が新たなオープンアクセスの資料を公開すると，ナレッジベースという仕組みを通じて，ウェブスケールディスカバリーの検索結果に自動的に出現するようになります。つまり，図書館はオープンアクセスの資料の出現というものを特に意識することなく，その収集に労力を注ぐ必要を感じることなく，利用者にオープンアクセスの資料を網羅的に提供できるようになります。これは図書館にとっても，利用者にとっても，非常に価値のある仕組みであるといってよいでしょう。

これはオープンアクセスの電子ジャーナル『Library and information research』という雑誌のレコードをクリックした際の遷移画面です（図 34）。中央に「View Online」という領域に，「DOAJ（Directory of Open Access Journals)」という名称のリンクが出ています。それをクリックすることで，『Library and information research』の内容をオープンアクセスで公開しているウェブサイトにワンクリックで行き着くことができます。非常にわかりやすく，よく練られた仕組みだと思います。

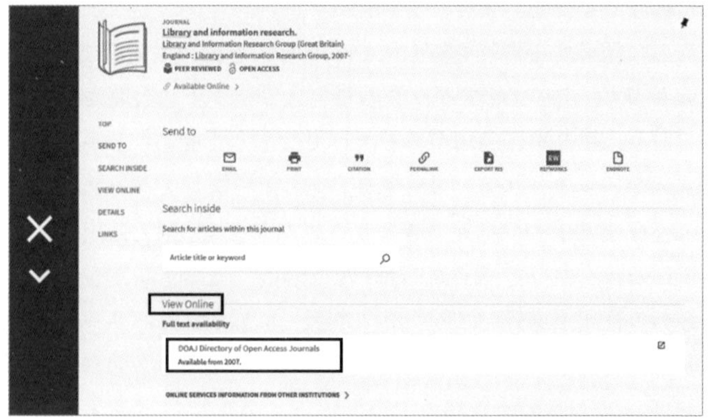

図 34　Leitir.is で検索した資料の詳細画面

ウェブ上の「知識」活用に見えること

この無償で利用できるウェブ上の知識というものは，いわゆる知識社会というものを考えておくうえで非常に重要な役割を果たすと考えられます。一方で，このウェブ上の知識の信頼性をどう担保するのかという点には課題が存在しています。ご存じの方も多いと思いますが，近年，ハゲタカ雑誌という言葉を耳にする機会が増えております。ウェブ上で公開されているオープンアクセスの雑誌の中には，非常に質が低く，信頼性に欠ける雑誌が数多く含まれているのです。これらは，論文の著者から高額の掲載料を貪ることを目的に存在しているのですが，検索エンジンの検索結果からは基本的に排除されておりません。したがって，検索エンジンでオープンアクセスの雑誌を探すという行為は，あまりよい結果をもたらさないということになります。しかしウェブスケールディスカバリーでは，検索結果からハゲタカ雑誌は除外されており，信頼性の高いウェブ上の知識を利用者に提供できる環境となっています。また，アイスランドの事例紹介の際に，英語の書誌レコードが検索結果として多数出現していましたが，ウェブスケールディスカバリーは，世界中でセントラルインデックスという単一の索引を利用している関係から，さまざまな言語の資料の書誌レコードを検索対象としています。これらを検索する環境を提供できるということも，多言語対応という点で，価値があるといえるのではないでしょうか。

5. 国内の公共図書館での活用事例　―「オープンアクセス資料」を中心に

東京都立図書館ディスカバリーサービス

国内の公共図書館でのウェブスケールディスカバリーを通じたオープンアクセス資料の活用事例をご紹介したいと思います。これは「東京都立図書館ディスカバリーサービス」という東京都立図書館のウェブスケールディスカバリーのトップ画面の引用です（図 35）。

図 35　東京都立図書館ディスカバリーサービスのトップ画面

（出典：https://search.ebscohost.com/login.aspx?profile=eds-main&group=main&custid=ns241381&authtype=ip,guest）

館外からの利用の場合にはアクセス制限が生じます，とありますが，トップ画面には「電子書籍・オープンアクセスジャーナルリスト」というリストへのリンクが用意されています。これは信頼できるオープンアクセスのジャーナルというものに限定して，それらが利用できる環境を用意しているということになると思います。一方で左下の領域では，さまざまな検索対象となる有償のデータベースのリストが掲載されており，有償無償を問わず「電子」の資源が検索対象となっていることがわかります。

奈良県立図書情報館におけるウェブスケールディスカバリー

次に奈良県立図書情報館のウェブスケールディスカバリーをとりあげたいと思います。

こちらは奈良県立図書情報館の OPAC の検索結果画面の引用ですが，左側の領域に「Primo（ディスカバリーサービス）」とあります（図 36）。これをクリックすると OPAC での検索語がウェブスケールディスカバリーに引き継がれ，新たにウェブスケールディスカバリーの検索結果画面が出現します。

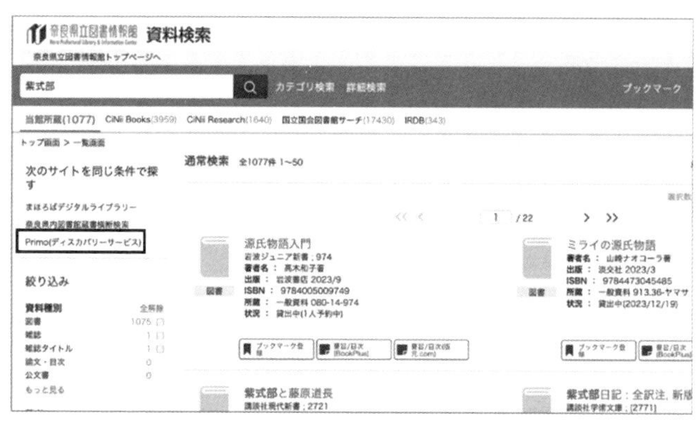

図 36　奈良県立図書情報館 OPAC の検索結果画面

（出典：https://opacsvr01.library.pref.nara.jp/opac/search?q=%E7%B4%AB%E5%BC%8F%E9%83%A8）

このウェブスケールディスカバリーの検索結果画面では，右側にファセットナビゲーションの領域があって，「オープンアクセス」とあります（図 37）。これにチェックを入れることで，無償で使えるさまざまな電子の資源にあたることができるということになります。

図 37　奈良県立図書情報館 Primo の検索結果画面

（出典：https://usaco.hosted.exlibrisgroup.com/primo-explore/search?query=any,contains,%E7%B4%AB%E5%BC%8F%E9%83%A8&tab=default_tab&search_scope=default_scope&vid=nplic&lang=ja_JP&offset=0）

日本の状況にフォーカスすると

オープンアクセスの資料に関して，日本の状況にフォーカスをすると，「国立国会図書館デジタルコレクション」，あるいは

J-STAGE，ERDB-JP，IRDB（学術機関リポジトリデータベース）など，無償で使える電子ジャーナルを集積したサイトや，機関リポジトリという日本中の大学図書館から集めた論文が無償で使えるようになっているデータベースなどが存在しています。個人的には，これらを公共図書館で活用できるようになってほしいと思います。公共図書館であっても，自館の蔵書と共に，オープンアクセスの資料の書誌レコードが検索サービスの検索結果に表示され，利用者が自由にアクセスできるようになるというのは，意味のあることではないでしょうか。

国立国会図書館デジタルコレクションの書誌レコード

ウェブスケールディスカバリーでの国立国会図書館デジタルコレクションの見え方を示しておきたいと思います。これは佛教大学図書館のウェブスケールディスカバリーで,「万葉集」の検索を行ったうえで，ファセットナビゲーションにより，国立国会図書館デジタルコレクションのうち，無償で見られる「インターネット公開」のものに検査結果を絞った画面です（図 38)。

これまでお示しした他の書誌レコードの見え方と，ほとんど差はありません。このような検索環境を実現したことで，利用者は日本のオープンアクセスの著名なサイトのコンテンツや，他の有償のデータベースのコンテンツ，自館の「紙」の蔵書などを，分け隔てすることなく，たった一つの検索窓から検索できるようになったということになります。

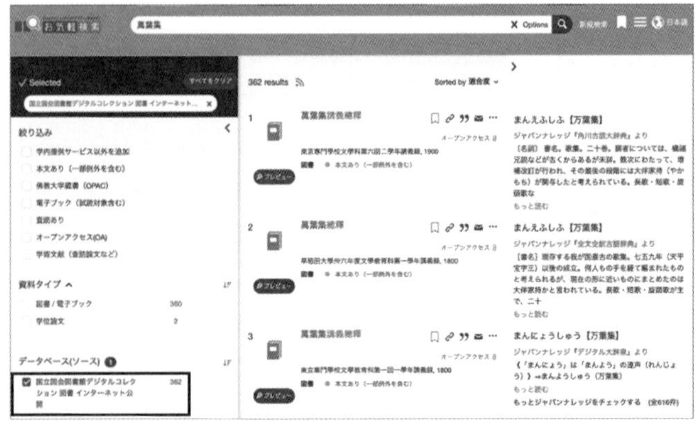

図 38　佛教大学図書館「お気軽検索」の検索結果画面

6.「知識」の発信・共有手段としての活用　―知識社会の基盤構築への参画

利用の手順と発想の転換

ここまでは利用者への資料提供に焦点を当ててきましたが，別の角度から皆さんに知っておいていただきたいことがあります。それは，ウェブスケールディスカバリーを使うということが，知識社会の基盤構築につながるということです。どういうことかと申しますと，先ほどウェブスケールディスカバリーは単一の機械用の索引を用いて検索を行っているということをお伝えしたと思います。このことは，図書館がウェブスケールディスカバリーを導入して自館で作成した地域資料や貴重書のデジタルアーカイブやデータベース，こういったものを検索対象として登録したら，それらは単一の機械用の索引であるセントラルインデックスに収録されるということになります。実のところ，このことは，きわめて大きな意味を有しています。つまり，これは自館で作成した地域資料やデジタルアーカイブが，自館と同一のウェブスケールディスカバリーを用いている世界中の図書館から，理論上検索が可能になるということなのです。意図するにせよ，しないにせよ，日本の公共図書館で登録されたコンテンツが，アメリカやヨーロッパ，アフリカなど地域を分かたず，世界中で利用される可能性があるということになります。日本語の地域資料であっても，それを求める利用者は他の国であっても必ず存在しています。ウェブスケールディスカバリーを活用することで，自館のコンテンツの集客につなげることができるほか，世界的に図書館としての知名度を上げることも不可能ではないと思います。当然，これは知識社会のインフラ構築につながりますし，ウェブスケールディスカバリーの潜在力を示す機能として認識すべきと思います。

検索の概念図

この機能を見える化した検索の概念図をお見せします（図39)。

この図には「電子ジャーナル」や「データベース」といったウェブスケールに属するコンテンツのほかに，「自館のデジタルアーカイブ」，「自館のオリジナルデータベース」，「自館の蔵書（ローカル専用領域）」というコンテンツから，セントラルインデックスへの矢印が示されています。つまり，あらゆるコンテンツがセントラルインデックスに登録されているということです。もちろん「自館の蔵書」はローカル専用の検索領域に登録されるのですが，それを省くとしても，残りは世界中で共有され検索されるようになります。

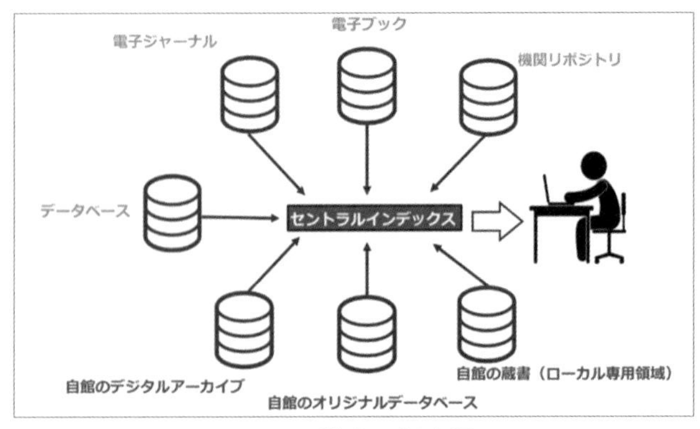

図 39　検索の概念図

「知識社会」の基盤構築への貢献

これにより，知識社会の基盤ともいうべきオープンアクセスのコンテンツを，自分たちが活用するだけではなくて，その構築に参加できる，あるいは生成に参加できるということになります。自館のためだけの統合検索サービスではなくて，他館のためのサービスでもあるということ，これがウェブスケールディスカバリーの本質といえるでしょう。

7. 導入と運用のために

「知識」の共有が前提とされることから

最後に導入と運用の手法について，触れておきたいと思います。ウェブスケールディスカバリーは知識の共有を行うことが前提になりますから，そもそも複数の図書館が共同で導入し，運用するということに適した仕組みになっています。アイスランドの取組みはその典型例です。カナダでは，郡レベルでのコンソーシアムで共同導入し，運用する事例もみられます。ウェブスケールディスカバリーでは，共同で目録を作るように共同でセントラルインデックス，つまり単一の機械用索引を作ることになります。そのうえで，それを共同で利用して検索を行うわけですから，ウェブスケールディスカバリーの本質は，非常に相互扶助の色彩が強い仕組みであるといえます。公共図書館の視点に立てば，市民のため，利用者のために知識社会の基盤を共同で構築し整備し保全していく仕組みとみなすことができると思います。

安定運用のために：図書館評価への反映？

そういう意味では，このようなサービスが図書館評価につながることを期待するところです。図書館評価は永田先生がご専門ですが，このようなサービスがもたらす変化を，評価の対象となるインパクトとして認識できれば，公共図書館の評価を高めることにつながると考えます。ISO 16439：2014「図書館のインパクト評価のための方法と手順」では，インパクト評価の内容が定義されていますので，ご興味のある方は一度ご覧いただければと思います[6)]。

8. ランガナタンの「図書館学の五法則」

さて，最後にランガナタンの「図書館学の五法則」と結びつけて終わりにしたいと思います。「本は利用するためのものである，本はすべての人のためにある，どの本にも読者がいる，読者の時間を節約せよ，図書館は成長する有機体である」という五つの法則ですが，皆さんもよくご存じのことと思います。改めて考えると，ウェブスケールディスカバリーには，ランガナタンの五法則が如実に反映されていると考えられます。例えば，「読者の時間を節約」する，あるいは「どの本にも読者がいる」という概念を具現化し，それに沿った形で，図書館の利用者に最良のサービスを提供できる仕組みになっているわけです。実際，一つの検索窓からすべての利用できる資料が検索できることで，読者の資料を探す時間はきわめて短くなりました。五法則と非常に相性のよい仕組み，五法則を具現化するための仕組みが，ウェブスケールディスカバリーということになります。そして一番重要なことは，第5法則の「図書館は成長する有機体である」を見える化したことです。実体がウェブスケールに属する情報資源を，自館のものとして扱えるようになったことは，図書館が最大限成長してウェブスケールのレベルまで達したというふうに考えることができると思います。そのことを実感させる存在がウェブスケールディスカバリーなのです。それゆえ，知識社会を構築する一翼を担う図書館が，市民や利用者に頼られる存在として，情報資源を作成し，提供し，管理し，世界に発信し，共有するということは，十分に意義があると考える次第です。

私からのウェブスケールディスカバリーのお話は以上ということになります。ご清聴ありがとうございました。

セントラルインデックスとは何か

飯野 勝則

近年，コンピュータで用いられる検索用の索引を指して，特に「インデックス」と称する機会が増えている。もともと「索引」を英語で表現すれば「インデックス」になるのだが，人が直接利用する紙の索引と，機械が利用する電子的な索引との間の機能的な差異を意識して，このような表現に落ち着いているのだろう。

本書でたびたび登場する「セントラルインデックス」は，このようなコンピュータで用いられる検索用の索引の一種である。「セントラル」，すなわち中心という表現が加えられていることからも類推できるように，ウェブスケールディスカバリーなどの検索サービスの中心に位置する機械用の索引ということになる。ただし，それは単なる「セントラル」に位置するという性質のみにとどまるものではない。すべてのサービスの利用者が共有し，検索の際に利用する単一の索引であるという性質を帯びていることが最も重要な特徴である。つまり，A図書館とB図書館が同一のウェブスケールディスカバリー製品を採用しているのであれば，AとBの両図書館の利用者は，いずれも同一のセントラルインデックスを用いて検索を行っているのである。

セントラルインデックスは，ウェブ上のクラウドサービスなくしては出現し得なかったであろう。

昨今のウェブ上では，さまざまなサービスが展開されている。図書館が利用者に対して提供するウェブサービスも，図書館ウェブサイト，ウェブ OPAC やウェブスケールディスカバリーなど多岐に及んでいる。一昔前であれば，図書館がそういったサービスを利用者向けに提供するためには，図書館自らがサーバを準備したうえで，そこにサービス用のシステムをインストールするといった手順がもれなく必要であったが，今となってはこういった機会は減少の一途をたどっている。というのも，いわゆるクラウドサービスの普及により，図書館はサービスの提供を行うベンダーと「サブスクリプション契約」を締結し，サービス使用料を支払うだけで，利用者にさまざまなサービスを提供できる状況となったからである。かくして図書館はサーバのようなハードウェアとシステムのようなソフトウェアの双方の管理から解放され，セキュリティ面からも安全にサービスを提供できる環境が整う状況となっている。

こうしたクラウドサービスは，サービスを提供するベンダーにとっても，行き届いた管理を効率的に行えるメリットがある。クラウドサービスは，中心に一つだけ存在するシステムをすべての利用者が共有して利用する仕組みであり，それを適切に保守管理すれば，利用者に最善のサービスを提供することができる。かつてのように，各図書館がそれぞれ設置したサーバやシステムを一つ一つ保守していくという作業は必要ないということになるからである。

当然ながらセントラルインデックスもこの例に漏れない。ウェブスケールディスカバリーのベンダーは，クラウドサービスの一部として中心に存在する，たった一つのインデックスの保守管理に注力することで，すべての図書館にとって最大限のメリットを有する機械用索引を構築することができるのである。

セントラルインデックスの特徴は，さまざまなデータベースやデジタルアーカイブ，電子ジャーナル，電子ブックなどのメタデータを集約し，それをサービス自身のために最適な索引として再構築している点にある。そしてセントラルインデックスの多くが，その過程を半ば自動化しており，利用者は意識することなく，最新の検索結果を得ることのできる索引として，それを活用できるようになっている。ウェブスケールディスカバリーのセントラルインデックスにおける，データベースやデジタルアーカイブなどのデータ収集工程を「ハーベスト」あるいは「ハーベスティング」と称するが，世界各国の数多のコンテンツを最大限ハーベストしていることが，セントラルインデックス，そしてウェブスケールディスカバリーの評価を高めているといっても過言ではないだろう（p.92「図 39　検索の概念図」を参照）。

もちろん，こういったセントラルインデックスの活用は，ウェブスケールディスカバリーのようなサブスクリプション契約が必要な製品に限ったものではない。例えば国立国会図書館サーチは，日本国内のさまざまな図書館で構築されたデータベースやデジタルアーカイブなどを集約して検索できるようにした無償のサービスであるが，この中心に位置するのもセントラルインデックスということになる。またGoogleのような検索エンジンが有している検索用の索引も，当然ながらセントラルインデックスとみなすことができる。

ウェブにおける検索サービスを支える概念として，今後もセントラルインデックスの重要性は増していくことであろう。

ディスカッション

永田：いくつか質問がきておりますので，順々にそれに対応するご説明をお願いします。

｜**質問1**：従来の（都道府県などの）横断検索システムの検索対象に国立国会図書館サーチやCiNiiを含めたものとディスカバリーサービスとの違いがよくわかりません。また，（ディスカバリーサービスの検索結果に表示される）ファセットは自動生成とおっしゃいますが，対応するタグ（レコードフィールド）の入力が必要なのではないでしょうか。｜

飯野：横断検索システムの話に触れる機会がありませんでしたので，本当にありがたい質問です。まず，従来の横断検索システムとディスカバリーサービスの違いですが，ウェブスケールディスカバリーは，あらかじめ学術関連のウェブサービスから定期的かつ自動で書誌レコードなどを収集して，単一の機械用索引を作っています。言い換えれば，いろいろなデータベースから集めた検索用のデータを統合して，自分専用の検索に適した機械用の索引を作り，それを用いて検索を行っているということになります。一方で従来の横断検索システムは，こういった単一の機械用索引を有していません。利用者が入力した検索キーワードを，例えば国立国会図書館サーチや，CiNii Research といった，検索対象となるそれぞれのデータベースへと送信し，それぞれに検索をさせたうえで，その結果を個別に受け取って，最終的に一つの画面でまとめて表示する仕組みということになります。

単一の機械用索引，つまりセントラルインデックスを自身の中に持つ強みとしては，多数のデータベースを検索対象としても，安定した検索ができるということが挙げられます。それぞれのデータベースに検索語を送信するわけではありませんから，途中で接続が切れたりすることがないということです。そのほか，データを並べ替えるための基準として，関連度を適用できることも見逃せません。横断検索は各データベースで検索させた結果を受け取って，まとめて表示する仕組みではありますが，基本的には，並べ替えを得意としていません。しかも検索のたびに各データベースから受け取る検索結果の内容が変わってしまうことから，結果の再現性にも疑問符が付くことになります。ですが，このような不確実性はウェブスケールディスカバリーにはありません。これが双方の一番大きな違いになると思います。

2番目のファセットに関するご質問ですが，確かにファセットは自動生成される存在です。その自動生成の際に使われる用語の多くは，おっしゃるとおり対応する書誌レコードのタグ（レコードフィールド）に記述された情報からきています。したがって対応するタグに正しい情報が記載されていない場合にはファセットは正しく生成されないという弱点があります。例えば，「件名」が該当するレコードフィールドに入力されている書誌レコードであれば，非常によい結果が期待できますが，そうでない場合は，あまりよい結果になりません。実際，大学図書館での書誌レコードの作成では，件名は必須項目ではありません。したがって，ファセットナビゲーションが十分に機能しない例も見られます。

話は変わりますが，Google などの検索エンジンが長らくファセットナビゲーションを実装してこなかったのも，書誌レコードにおける「件名」のような，ウェブページの内容を端的に明示するメタデータの記述が十分に行われてこなかったことが背景にあるのかもしれません。検索エンジンは，ウェブページの内容を読み取って，機械用の索引を作ることはできますが，そのページが何を記述しているのかという点を正確に把握することは，なかなか難しい状況が続いてきたからです。とはいえ，近年は，タグを用いてウェブページに記述された情報の「意味」を明確化させ，機械にとって意味が理解できるようなウェブを構築しようという動きがあります。これを「セマンティックウェブ」と呼びますが，このような技術や，AI を用いたウェブページの意味分析が進展することで，最終的には検索エンジンにおいても，利用者が望む切り口に十分対応できるような検索結果の提示手法が実現するのではないかと考えています。

永田：イメージとしてまだ腑に落ちない部分の一つは，セントラルインデックスってどこにあるのということかと思いますが，どうでしょうか。

飯野：なかなか難しい問いですが，ウェブスケールディスカバリーはクラウドサービスです。つまり Google などの検索エンジンもそうなのですが，自分たちでサーバを持って，そこからサービスを提供しているわけではありません。したがって，インターネット上のどこかにあるサーバにセントラルインデックスがあり，その単一のインデックスに対して世界中からアクセスが生じているとしか表現できない気がします。これはGoogleのモデルと同一というべきだと思います。

片岡：今日紹介した国立国会図書館は自分たちの所蔵をデジタル化したもの，それから出版社などから電子納本でもらってきたデータ，各図書館の絶版資料をデジタル化したようなものや，各図書館のデジタルアーカイブのデータも集約して，NDL サーチやジャパンサーチを通じて皆さんに見えるような形にしている。これは，国レベルでセントラルインデックスを実現しているともいえます。それを世界規模の検索サービスにデータを渡すと，ディスカバリーサービスを提供する企業や組織が運用するグローバルなセントラルインデックスにつながるんじゃないか，というふうに理解しております。

永田：それが先ほどの飯野さんのセントラルインデックスを作れば，自分の図書館が世界に貢献できるという話につながるんですね。

｜**質問2**：ディスカバリーサービスやナレッジベースは，知識を求めるためにとても有効だと思うのですが，公共図書館には，読み物や小説で楽しむという方も多いです。それらの人へのアクセスはどのようにしたらよいですか？｜

片岡：私は，現在国文学研究資料館で，全国の図書館，個人蔵も含めて，古典籍をデジタル化して提供するという仕事をしています。そうすると，同じ作品もたくさん出てくるのですが，まったく同じように見えるものも少しずつ違うことがあります。今提供しているサービスは古い本の画像とメタデータですけれども，デジタル画像から本文をテキスト化する活動も始めていまして，これを進めていくと，例えば，『古今和歌集』や『源氏物語』などの作品の本文で，類似の表現にどういったものがありますとか，時代をさかのぼるとどういうふうに変わってきています，といったことが見えてくることがあります。読み物や小説といってもさまざまな本文を豊富に提供できます。また，古典籍はそもそもくずし字という，一般の方にはなじみのない書きぶりで書いてあり，それをテキスト化しても，古語がわからないと読み込めない。これは，日本語が読めない外国人には大きな障壁になっていて，どこかに英訳しているものがあったとしても，ナレッジベースやディスカバリーサービスのセントラルインデックスにデータがないと，発見されにくい。AI の進展で，読み物をもっと深めたいという人にとっては，こんなバリエーションもありますよ，原本はこれだけれど，AI で書き下したり，翻訳するとこういう内容ですよとか，別の刊本・写本と比較するとこうなりますよ，ということが実現するとおもしろみが出てくるんじゃないかなと思っております。

永田：要するに読み物や小説で楽しむという方が，一定の資料というか，文献というか，そういったものを得るのに，今日ご説明しているようなシステムのメリットは，多様なものが提供できるということですね。片岡さんがおっしゃったように，いろいろなバージョンや，いろいろな形態（画像，本文）で小説を提供することが可能です。ですから，公共図書館の機関スケールの資料だけじゃなくて，もっと多様なものが提供できますというのが一つの質問の答えです。

片岡：もうちょっとだけ補足です。例えば最近音楽でも口ずさむと，その音楽を提案してくれるみたいなことがあるんですけれど，所蔵資料だけ扱ったOPACだと，こんなフレーズがあった本はどれだろうというのも，なかなか見つけられないと思うんですけれども，セントラルインデックスの強みというか，すべてをテキスト化して，検索できるようにしていれば，内容の一部から自分が思っていた作品を探したりできると思うんです。そのあたり，飯野さん何か考えておられますか？

飯野：セントラルインデックスに，全文のデータが入るようになると，間違いなく片岡さんのおっしゃる，内容の一部分だけを取り出して検索できる世界が実現すると思います。ですので，出版社などにセントラルインデックスへのデータ提供を行ってもらえるよう，働きかけを強める必要があると思います。あるいはChatGPTといったAIを用いた検索の話にも関わってきますが，全文のデータをこういった技術と組み合わせることで，発見できる資料のラインアップはだいぶ変わってくると思います。

国立国会図書館デジタルコレクションでは，近代に出版された二百数十万冊の和書が全文検索できるようになっています。私は，近代の文献が大好きなのですが，これによって，途方もない量の検索結果が出てくるようになり，個人的な印象ですが，明らかに今までは見つけられなかった資料が見つけられるようになってきています。そういった環境が，例えばウェブスケールディスカバリーにおいても実現し，しかも，セントラルインデックスには，近代のみならず，現代に出版された図書や文献までもが，全文の形で収録がされているという状況になれば，利用者が本当に読みたい分野の小説を容易に見つけられる世界がもたらされます。こんな状況も将来的にはありうるのではないでしょうか。

|**質問3：**自館で検索対象に登録したアーカイブやデータベースは自動的にセントラルインデックスにも登録され，それは同じベンダーのウェブスケールディスカバリーサービス（製品）を利用する世界中の図書館でも利用可能になる（ただし利用するかどうかは各館次第）という理解でよろしいでしょうか。確かに魅力的な情報発信になりますね。|

飯野：まったくご理解いただいたとおりです。ウェブスケールディスカバリーは，同一製品であれば，単一のセントラルインデックスを検索していますから，そこに自館のコンテンツが自動的に登録されることで，理論的にはその製品を利用する全世界の図書館で，それらのデータを検索できるようになります。ただし，海外の図書館が，それらのデータを実際に検索に利用するかどうかは，その図書館の考え方などの要素が絡んできますので，そこは別問題となります。とはいえ，情報発信をするという意味ではきわめて有効な手段ですし，例えばセントラルインデックスに登録をするときにオープンアクセスであるということを明示するとか，登録するアーカイブやデータベース

の名称について英語の翻訳を用意するなど，一定の工夫をすることによって，海外での利用可能性は格段に高まると考えます。

｜**質問 4：**ChatGPT をはじめとした人工知能が提供する情報の図書館での取り扱いについて，片岡さん・飯野先生のお考えをお聞かせください。｜

片岡：今ちょうど国文学研究資料館でこういった活動を始めようとしているところです。

一つ目が，先ほども紹介した全冊画像の中からテキストを抽出するという活動です。実はテキストを研究者が読んでとなると，例えば300作品そういうことをしようと思うと，研究者が一人 1 作品であっても 300 人の研究者が必要で，相当大変な作業になります。そこで，古典籍の OCR の仕組みを研究開発してきたのですけれど，国立国会図書館から精度のよいものが公開されましたので，それで当館の「国書データベース」から公開する 25 万点ぐらいの全冊画像をテキスト化するというようなことを始めています。でも，まだうまく読み取りきれていなかったりするので，人の目で見て直していく作業があって，今後 10 年間で 3000 作品を目標に作業を始めています。当館の基準だと『源氏物語』や『群書類従』といった大部なものも一作品となるので，かなり量が多いんですけれど，注目度の高いものを含めて進めていく。その過程のデータを，学習データとして，AI や自動化のプロセスに還元することを検討しています。

さらに皆さんの興味関心はいろいろなので，例えばその中から場所を表しているものを抽出して位置情報を付加するとか，時代の情報を付加するとか，天候に関する記述だけ抜き出すとか，そういった活動も始めていますが，やればやるほど学習データができていくので，それによって自動化が進む。それによって書物に対する情報がどんどんリッチになって，アクセスポイントが増えていくことを期待しています。

それだけではなくて図書館の実務でも，メタデータや目録を採ったり，典拠レコードも作っていますけれども，けっこう手間がかかっていて，そこももしかしたらAIがパパっと内容を読み込んで，必要な情報をサジェストしてくれて，書誌が作成しやすくなるみたいなことがあるといいんじゃないか，さらにこれが ChatGPT とどうつながるんだということですけれど，そうやってきちんとデータ化して公開していくことで，それが ChatGPT のナレッジ（＝元情報）になって，より正確で，より豊かなChatGPTの受け答えにもつながっていくんじゃないかなというふうに思えております。

飯野：ChatGPT のような対話形式で，すごく自然な文章で検索を行える仕組みは，今後，検索のスタンダードになる可能性もあると思っております。というのも，まだ大学に来ていない子どもたちが，こういった検索に慣れ親しんでいくことで，それが検索の「事実上の標準」になっていく可能性があるからです。実際，良し悪しは別にして，現在の図書館における検索の概念は，こういった図書館の外にある IT 企業で培われた技術によって培われたものといえます。たった一つの検索窓を有するウェブスケールディスカバリーは，Google のような検索エンジンの影響を多分に受けた仕組みであるということは，皆さんもお気づきだと思います。シンプルな検索語を使い，さまざまなデータベースなどを網羅的に検索するというのは，ウェブページを網羅的に検索する Google の発想ときわめて近いものです。つまり，われわれは，IT 企業で生み出された技術の影響を多分に受けているということになります。ある意味，それは図書館のシステムのグローバル化ともいえると思いますが，ChatGPT もそういった図書館の検索の概念や手法に影響を与える存在になりうる可能性は，十分にあるのではないかと思っております。

ただし，課題もあります。先ほど片岡さんがおっしゃった情報の典拠の問題です。これが現行の ChatGPT では明確になっていません。インターネット上のさまざまに散在する情報を用いて学習しているという現状から，仕方のない部分もあるのかもしれませんが，信頼性という部分では疑問符がつきます。ですが，ChatGPT のような対話形式の生成 AI が，その検索結果生成の学習材料として，図書館で提供している Knowledge と呼ばれるような「知識」を限定して用いるようになったら，その信頼性は著しく改善するはずです。つまり J-STAGE にあるようなさまざまな論文の全文データが，生成 AI 中に取り込まれる，あるいは国立国会図書館デジタルコレクションの近代和書の全文データが生成 AI の学習材料として活用される，そのうえで，学習後の生成 AI が，典拠を伴う形で検索結果を示せるようになれば，図書館にとって生成 AI は非常に使いやすく，活用のしがいがあるツールになると思っています。

ご存じの方もいらっしゃると思いますが，図書館の近縁の分野では，AI の活用は盛んに行われております。2016 年には「ワトソン（IBM Watson）」という AI があるのですが，東京大学医科学研究所で，さまざまな医療の論文を読ませた結果，医者でも判断ができなかったようなすごくまれな，がんの治療法を見つけ出したという話が報道されています。あるいは 2020 年には，NHK が「全論文解析」と題して，新型コロナウイルスに関する 20 万本の論文を分析するといった試みを行っています。この試みはかなりインパクトがあり，翌年にも，論文の数を増やす形で，継続して解析を行っています。特に医療など理系の分野では，図書館員であろうと，あるいは研究者であろうと，すべての論文を網羅し，目を通すことに，途方もない時間がかかるようになっています。それゆえ，こういった AI を，自分たちの業務を補助するために活用するということは避けては通れないような気がします。これは，将来の図書館員像を考えるうえで，非常に重要なことだと思います。

永田：その際に ChatGPT のようなものがちゃんと典拠を示してくれるというのが本当に大切なところで，実は図書館のいいところは，典拠を示すという基本姿勢があることです。ChatGPT の回答を読んで，これはいったいどこから出てきたのかというのがよくわからないということが，今，一番問題だと私は思っております。ChatGPT はこれからもっともっと有効に活用されると思いますが，そういったところに気をつけないといけない。また図書館に働くわれわれはそういうところを踏まえてきたということを再確認したい。

｜**質問5：**ウェブスケールディスカバリーサービスのセントラルインデックスについて，別の面で質問です。自館で検索対象に登録したアーカイブやデータベースの一部を逆に公開しないということはできるでしょうか。｜

飯野：「できます」というのが，答えになるかと思います。実際われわれの図書館が，ウェブスケールディスカバリーの検索対象として登録をしたデータの中にも，全世界で検索できる設定にはしていないというものが存在します。こういったプライベートなローカル領域のみでのセントラルインデックスの利活用は，多くの図書館で実績があり，広く行われているところです。逆に言えば，全世界に向けて発信をしたいデータベースや，広く共有したいアーカイブのみを，公開すればよいということになります。

永田：ユネスコ公共図書館宣言では公共図書館はユニバーサル・アクセスを実現しようということになっていますが，ユニバーサル・アクセスをどうおさえるかはともかくとして，ウェブスケールのディスカバリーサービスの機能を展開し，飯野さんのご説明にあった形になりますと，それが実現できるんでしょうか。

飯野：完全な形で実現できるかというとなかなか難しいと思います。現実として，すべての図書館的な資料のメタデータが，ウェブスケールディスカバリーに登録されているわけではありませんし，すべてとなると将来的にも難しいでしょう。ですので，100％ユニバーサルなアクセスが担保できるかというと，必ずしもそうではない。しかし，ウェブスケールディスカバリーには，基本姿勢としてあらゆる人々のために，あらゆる資料の発見を導くという理念がありますから，そういった世界に向かうための重要な一歩を刻む手段として活用することはできると思います。ウェブスケールディスカバリーは，W3C（World Wide Web Consortium）の「アクセシビリティガイドライン」（Web Content Accessibility Guidelines：WCAG）などに沿った製品ですし，ウェブスケールという概念が，実はユニバーサルという言葉のもつ概念とほぼ同質であると解釈をすれば，違和感がなくなるようにも思います。

片岡：私の経験ですけれど，こういう情報化が進展している時代では，3 年後，5 年後がわからないって思います。5 年待ちますと言っていると，実はあっという間に 10 年過ぎちゃうんですよね。ミヒャエル・エンデの『モモ』にも出てきますけれど，遠くを見るんじゃなくて目先を一歩一歩進めていく。ユニバーサル・アクセスという理想があるとして，進めているうちに新たにこういうアプローチがあるんじゃないかという気づきも，そういう活動に携わっているからこそ，生まれてくる側面もあるのかなと感じております。

永田：先ほど公共図書館には小説などを求めていらっしゃるということでしたが，小説のようなものは，ウェブスケールディスカバリーで完全に担保できると思うんですね。機関スケールでのサービスしかしてない図書館ではそれは無理かもしれないけれども，図書館全体から考えれば，小説はどこでもおさえています。世界中でおさえています。

実は私が公共図書館で小説よりも枯渇感を感じるのは，雑誌の記事あるいは公の機関がやっているような調査報告で，公共図書館はほとんど応えてくれないです。そういったものは先ほど片岡さんが示してくれたいろいろなナレッジベースの中に入っていますね。すぐ無料で手に入るんです。そこを公共図書館は完全に落としています。外国ではわりとフォローできています。日本の公共図書館は，このあたりがもう少しがんばっていただきたいなと思う最初の一歩だと思います。

したがって，今後公共図書館がウェブスケールディスカバリーを使えるようになるには，費用負担もあるしそれに明るい職員も必要で，少し時間がかかると思います。飯野さんがおっしゃったように，コンソーシアムのようなものを考えたりしないと，こういう新しいことはできない可能性がある。どういうステップで，前に進めたらよいかということを考えざるを得ないのですが，いかがでしょうか。

片岡：もしかしたら大学図書館ではきちんとやっていると，皆さんに見えているかもしれないんですけれども，対応すべきことの多様化，つまり電子リソースへの対応，場所としての図書館，研究データ管理への寄与，オープンアクセスへの寄与とかということが出てくると，明確なゴールを共有しづらい。そのため組織的に一丸となって取り組む状況も少なくなってきていて，ナレッジベースやディスカバリーサービスの整備をしっかりすべきだと強力に主張しても，課題はそれだけじゃないよね，みたいに捉えられてしまうことも多いです。つまり，これは公共図書館だけに限らない，今の時代に共通するテーマなんじゃないかなと思います。どうやったら確かなものを保証していけるのか，どういった組織が，そして誰が，それが大事だって言い続けられるのか。なかなか深いテーマだなというふうに感じています。

飯野：確かにウェブスケールディスカバリーのような取組みは，一つの公共図書館で実現できるということではないようにも思えます。複数の図書館で連携をしてやっていくということが，より現実的に必要となる考え方のように思えます。

実は日本国内の大学図書館においても，図書館システム自体を共同で運用するといった事例が出現しています。例えば早稲田大学と慶應義塾大学の取組みは有名です。この二大学の図書館は，コンソーシアムを組んで，図書館システムの共同導入・運用を実現しています。ある程度，大きな事業を実現させるには，こういった考え方も必要なのだと思います。

私の講演の中で機関スケールの概念について説明をさせていただきました。世の中で生産される知識とか情報の量を考えると，もう一つの機関だけの情報を扱えば事足りるという状況ではなくなっているのだと思います。機関スケールの情報量というのは，その上のグループスケールやウェブスケールに属する情報量から見れば，圧倒的に小さいのです。ウェブスケールまで行かなくとも，グループスケールなどの情報を効率的に扱うことのできる環境を構築できれば，公共図書館にも利用者にもメリットがあるはずです。そう思えば複数の公共図書館の連携に期待するところは大きくなると思います。都道府県には今のところ核となりうる都道府県立図書館がありますから，そういった都道府県レベルでの連携を考えていくということも考えられますし，より広域でコンソーシアムを組むということも当然ありうる話です。

永田先生からは，大学図書館には核となる組織として国立情報学研究所があるけれど，公共図書館の場合には全国規模で見た場合に核になるような機関が見つからないとのお話を伺いました。長期的にはこういった状況の改善が望ましいのかもしれません。

|**質問 6：**知識社会を支える使命を達成するには，基礎自治体単位で運営している現状では，ヒト・モノ・カネという体力やミッションの共有という面でも限界があるように感じます。データベースを導入するにしても，個々の独立性は大切だと思いますが，非効率な面も多い気もします。今後は都道府県単位とまではいわずとも広域的な図書館行政の一体化・連携が必要な気がしますが，いかがでしょうか？|

永田：図書館は基礎自治体単位で運営して，前は組合立もありましたけれども，今ないですね。消防や都市区画整理だとかいろいろなところで，日本の地方自治体は相互に連携しています。清掃やゴミだとか，そういったものも連携しますが，図書館になると途端にだめなんですね。でも諸外国はそういうことをやっています。アメリカなどは，はじめから電子書籍，電子雑誌を入れるときは，そういった単位で始めています。それでなけ

れば新しいことはできませんね。アイスランドもそうですよね。
飯野：アイスランドもそうですね。アイスランドの人口は約38万人ですし，この視点に立てば，規模が大きい国ではありません。そのような状況下で，予算や人的資源を効率的に配分しつつ，公共図書館を適切に運営するための手法として，コンソーシアムを組むことが望ましいという判断に至ったのだと思います。

なおアイスランドでは，大学図書館もコンソーシアムを組んでいます。しかも，さらに効率化を図る目的があるのだと思いますが，アイスランド大学図書館が，日本の国立国会図書館にあたるような位置づけを担っていたりします。アイスランドの図書館には，いわば館種を超えた効率化への追求姿勢があり，その流れのなかで，コンソーシアムの考え方が受容され，全国規模でのウェブスケールディスカバリーの共同導入・運用が行われていったと見なすことができると思います。

今さらながらですが，そもそも図書館にはユニオンカタログ（総合目録）を共同で作ってきたという歴史があります。ですので，図書館システムやウェブスケールディスカバリーを共同で運用することは，その延長線上にあると考えれば決して難しいことではないと思います。図書館の根幹には，相互扶助の概念が確かに存在しているのです。ILLなども相互扶助の思想があってこそ成り立つものですが，それも当然のものとして図書館に受容されています。つまり，図書館の間に確固として存在する協力体制のなかで，図書館は他の図書館と有機的に結びついて運営されることは，もはや普遍的な状況であるともいえると思います。それをより深めたものが，コンソーシアムによる図書館システムやウェブスケールディスカバリーの共同運用ということなのだと思います。さらに言えば，大学図書館と公共図書館といった館種を超えたコンソーシアム形成もありうる話だと思っています。新たな展開として，このようなコンソーシアムが形成できたら，図書館のみならず世の中も大きく変わるのではないかなと感じる次第です。

｜**質問 7：**ウェブスケールディスカバリーとは違うと思いますが，「デジとしょ信州」[7] は，公共図書館の今後のモデルケースになりますか？｜

飯野：率直に言って，「なる」と思っています。電子書籍・電子ブックを協働で選書し，協働で運用をするというのは，これまでの国内の公共図書館にはなかった試みですが，十分に成功されているように見えます。こういった経験を基礎として，その延長線上で，図書館のシステムやウェブスケールディスカバリー，あるいは他のサービスなどを導入し，運用していく仕組みをつくるということは，十分にありうる話だと思っています。このような未来へとつながる公共図書館連携の可能性を示しているという点で，「デジとしょ信州」は重要なモデルケースに位置づけることができると思います。

永田：私どもの研究所で去年（2022 年）英国の JISC（Joint Information Systems Committee）という公共機関が作成した OpenAthens という一種の認証のシステムのオープン・レクチャー[8] をやりました。そのとき二つねらいがありました。

一つは，図書館，特に公共図書館が電子書籍を入れる場合に，図書館の思うように電子書籍を収集できるかどうかという話ですね。これが意外と難しいんです。というのは電子書籍ベンダーがいくつかしかありません。そして図書館の求めるものがラインアップされているわけではないし，許容されるサービス条件も図書館が望むものとはいえないことがあります。

もう一つは，出版社が図書館向けに書籍を提供してくれる，これにもなかなか難しいハードルがある。今ネットワーク社会ですから，簡単に情報は手渡せるはずなのに，間に一種のバリアがあるという感じがする。そこで，自由に図書館も出版社も使える OpenAthens という仲介となるシステムを紹介したんです。それは，「デジとしょ信州」のような図書館側の主体的な取組みをより進められるように，そういうシステムのことを考えたいと思ってやりました。図書館側が自由に電子書籍を出版社から引っ張ってこられるようなデリバリー状況がもう少し見えるようになるといいなということと，図書館が協働して取り組めるということが，より容易になる必要があるかなと私は思っています。

飯野：大学図書館においても，状況は同じです。現在では複数の図書館が図書館システムやサービスに対する取組みを共同で導入，あるいは運用を行うことができないかを検討するフェーズになっています。先ほど早稲田大学と慶應義塾大学の図書館システムに関する取組みをご紹介しましたが，他の大学図書館の中にもシステムを共同で導入し，運用する仕組みがつくれないか，あるいはつくるべきではないかという意識が共有されています。このため，図書館システムの共同導入，共同運用の実現を目指すための専門の作業部会も存在しており，そこでは実現に必要な要件の検討も行われています。近年，大学図書館を取り巻く状況はかなり厳しく，人も足らなければ予算も足らないという図書館も珍しくありません。そういったなかで，大学図書館における図書館システムの導入や運用に関わる問題を合理的に解決する手法は，共同で何かをするしかないところにきています。とはいえ，これはまさに図書館の原点である相互扶助に立ち返るような動きとも考えられます。館種にこだわらず，共同導入や共同運用への意識が高まっているというのが，すべての図書館を取り巻く現状なのだと思います。

公共図書館の話に戻りますが，このような現状ですので，「デジとしょ信州」の枠組みを起点として，永田先生がおっしゃるような OpenAthens を採用するなど，公共図書館の利用者がより電子ブックにアクセスしやすい仕組みにしていくなど，共働の範囲を広げていくということは，利用者と図書館の双方にとって，とても重要なことだと考えています。

片岡：さきほど飯野さんのほうで大学図書館のシステムの共同調達ということも出ていますけれど，私もその作業部会に関わらせていただいております。当初システムは各図書館が共通的なものを導入すればいいのねと思って進めていたんですけれど，どうもそういうのを嫌う方々もいらっしゃる。だから，そのなかで何ができるんだろうと考え，共通的なシステムを導入するためのガイドラインを残すことにしました。こういう機能を備えていればいいのではないか，それを整理する。今日私のスライドの中でも，「メタデータ流通ガイドライン」を紹介させていただきましたけれど，全国の公共図書館，大学図書館と，データを連携・統合するためには，そういったガイドラインがとても重要です。システムの運用も図書館の運用も，ガイドラインのようなものを用意して，そこに向かって共同でやるというようなことが重要だと考えています。

｜**質問 8：**ウェブスケールディスカバリーの主な特徴の一つとして「視覚化」が挙げられていますが，視覚に頼るのはユニバーサル・アクセスという点を満たしていないのではないでしょうか。ウェブスケールディスカバリーにおいて，アクセシビリティはどのように考えられているのでしょうか。｜

飯野：視覚という点にフォーカスしたために，少し誤解を招いてしまったかもしれませんが，視覚化という表現は，あくまでも情報の透明性を高め，わかりやすく「見える化」するという意味になります。このため，現実のウェブスケールディスカバリーは，あらゆる人に使いやすいユニバーサル・アクセスに対応した設計となっています。例えば，ウェブの標準化を推進する W3C のウェブコンテンツに関する「アクセシビリティガイドライン」のレベル AA に沿った設計となっているほか，米国のリハビリテーション法 508 条に準拠するなどしており，日本より積極的にアクセシビリティを担保する傾向にある地域でも問題なく受け入れられています。

具体的な事例としては，各検索結果のラベルといったところに，その内容が何であるのかということを明示する記述がされており，いわゆる読み上げ機能にも対応できるようです。また100%に近いレベルでキーボードのみでの操作が可能とされています。どちらかといえば，グローバルな世界標準の枠組みの中で，適切にサービスを設計し，対応されている状況かと思います。

｜**質問9：**ディスカバリーサービスは，こういう情報があります，には強いですが，この本はここの図書館が持っていますという情報の提供がさっとできないという弱点があるように思います。｜

飯野：国レベルのユニオンカタログとしてディスカバリーサービスを運用している例があるのかは存じ上げませんが，コンソーシアムを組んだ数十の図書館が共通のディスカバリーサービスを利用している事例は存在します。例えば米国の CARLI（Consortium of Academic and Research Libraries in Illinois）などでは，検索結果で所蔵館をファセットの中に表示するなどして，その資料を閲覧できる図書館を見つけやすくする仕組みをつくっています。もちろん，こういったファセットナビゲーションによる所蔵館の表現は，CiNii Books などの見せ方とは異なるため，違和感があるかもしれません。しかし，ディスカバリーサービスは必ずしもユニオンカタログを目的としたサービスとして設計されたわけではありませんので，仕方のない側面があるのではないかなと思います。つまり，書誌レコードを共有することを目的とするディスカバリーサービスと，そこから一歩踏み込んだ所蔵レコードの共有を目的とするユニオンカタログは目的が違いますので，住み分けが望ましいのかもしれません。

片岡：早稲田大学と慶應義塾大学が共同でシステムを導入していますけれど，相互の所蔵情報が見えていて，配送して補い合っています。そういった枠組みは，大学図書館の世界では非常にニーズがあって，日本ではまだ進展がない状態。何か突破口があればもっと進むんじゃないかなと思っています。もしかしたら公共図書館でも，地域とか県とかいうところを起点に，共通のディスカバリーサービス導入や所蔵情報の共有を進めていけるのではと思います。

永田：そういう需要がないからやってないだけということですか。

片岡：いえ，需要がないわけではなくて，これまでの業務の枠組みでは進みにくかったということです。ナレッジベースの整備やディスカバリーサービスの提供といった活動をしていけば，その先にナレッジベースや所蔵情報をはじめ，人や資料，ノウハウの共有があり，特定資料の所蔵館発見や利用についても，整備が進むのではないかなと思います。

永田：時間になってしまいました。今日は片岡さん，それから飯野さんに大変おもしろい話を伺うことができてよかったと思います。またご参加いただいた会場の方，あるいはネットでつながってくださった方，大変ありがとうございました。

【注・参考文献】

1） Knowledge society (Oct. 28, 2023, 18:07 UTC). In Wikipedia: The Free Encyclopedia. https://en.wikipedia.org/w/index.php?title=Knowledge_society&oldid=1182339961,（accessed 2024-03-01）.

2） Stehr, Nico. "Knowledge Societies," Ritzer, George ed. *The Blackwell Encyclopedia of Sociology*, Wiley-Blackwell, 2012. https://onlinelibrary.wiley.com/doi/10.1002/9780470670590.wbeog342,（accessed 2024-03-01）.

3） 長倉美恵子，永田治樹，日本図書館協会国際交流事業委員会訳「IFLA-UNESCO 公共図書館宣言 2022」https://repository.ifla.org/bitstream/123456789/2766/1/IFLA_UNESCO%20Public%20Library%20Manifesto%202022-Japanese.pdf,（参照 2024-03-01）.

4） 文部科学省「I 社会の変化と図書館の現状」『「これからの図書館の在り方検討協力者会議」これまでの議論の概要』https://www.mext.go.jp/a_menu/shougai/tosho/giron/05080301/001/001.htm,（参照 2024-03-01）.

5） Zmau, Ashley; and Talbot, Holly. "Chapter 2. Components of E-resource Access," *Library Technology Reports*. vol.58, no.7, 2022, p.6-13. https://journals.ala.org/index.php/ltr/article/view/7899/1099,（accessed 2024-03-01）.

6) 永田治樹「E1608‐図書館のインパクト評価のための方法と手順 ISO 16439:2014」『カレントアウェアネス-E』no.267, 2014.9.25, https://current.ndl.go.jp/e1608,（参照 2024-03-01）.

7) 県立長野図書館「デジとしょ信州（市町村と県による協働電子図書館）」https://www.knowledge.pref.nagano.lg.jp/collection/elibrary/shinshu-kyodo-library.html,（参照 2024-03-01）.

8) 未来の図書館研究所「オープン・レクチャー『電子リソースの活用とリモートサービス』」https://www.miraitosyokan.jp/future_lib/lecture/202212/20221208_flyer.pdf,（参照 2024-03-01）.

時代に対応する図書館をどう作るか

―アメリカの実践から考える

豊田　恭子

東京農業大学

1. まずは，自己紹介

「時代に対応する図書館をどう作るか」というような，大きなタイトルをつけさせていただきましたけれども，これは私自身が今一番考えたいことを掲げたような感じです。

それでは，初めましての方もいらっしゃいますので，まずは自己紹介から始めたいと思います。私は1990年にアメリカのボストン市にあるシモンズ大学というところで，図書館情報学（ライブラリー＆インフォメーションサイエンス）修士号を取得して，翌91年に帰国しました。そのとき外資系金融機関に雇われて，そこのいわゆる企業内図書室を立ち上げて，ライブラリアンとしてのキャリアをスタートさせています。新聞・雑誌，参考図書をそろえた小さな企業内図書室でしたけれども，その頃はまだインターネットはなくて，オンライン・データベースの情報検索が花盛りでした。社員も一人1台のパソコンを持てるような環境ではありませんでしたので，図書室の中にユーザ専用の端末を並べて，必要に応じて図書室に来て検索をしてもらうというような感じでした。オンライン情報検索が急速に普及してきた頃でしたので，大きな変化を日々，肌で感じながら，情報の世界はこれからどうなっていくんだろうか，ライブラリアンの仕事はどうなっていくんだろうか，といった問題意識をもって働いていました。

2. 私と公共図書館の関わり

2.1　最初の10年（2000年代）

公共図書館とのお付き合いは，だいたい2000年ごろに始まっているんですけれども，きっかけは菅谷明子さんが雑誌『中央公論』に書いたニューヨーク公共図書館についてのルポです[1)]。アメリカでは多くの人が公共図書館の支援を受けて，自分のビジネスを始めたり，それを成功させたりしているという内容で，これに刺激を受けて，ビジネス支援図書館推進協議会が

2000年12月に発足します。私も知り合いに誘われて，年明け（2001年1月）にそこに入ったのですが，入ってみて驚いたのは，菅谷さんのレポートに刺激を受けた経済産業省や中小企業庁の方々が，これを日本で実現したいととても強く支持してくださっていたことでした。実際にニューヨーク公共図書館の館長さんや，ビジネス支援活動に力を入れているアメリカの図書館員をゲスト・スピーカーとして招いて大規模なイベントを開催したり，中小企業庁からの助成金を活用して浦安の公共図書館でモデル事業を開始したり，といったところから活動を始めました。まずは図書館におけるビジネス情報の拡充，デジタル情報源の導入などを進めていましたが，最初の頃はどちらかといえば図書館員の意識改革を重視していて，小さくてもいいんだから，お金がなくてもやれるんだから，とにかくこのままじゃだめだ，旧態依然とした図書館サービスの現状を変えなくちゃみたいな，ちょっと扇動するような感じでやっていました。

経産省の方々の力強いバックアップもあって，2003年には小泉内閣の「骨太の方針」に「起業による就業機会の拡大をビジネス支援図書館の整備などによって推進する」という文言が入るまでになりました[2)]。昔からの図書館員にはちょっと抵抗感をもたれた部分もあったんですけれども，図書館の外から来た新館長さんなどには，これおもしろいねっていうふうなポジティブな反応をいただいて，少しずつ「ビジネス支援」という言葉が図書館界の中にも広がり，5年間ぐらいで全国の170館で実施するまでになりました。2006年には，文部科学省の「これからの図書館像」の中にも地域重視のなかで明記され，図書館におけるビジネス支援サービスがようやく市民権を得たというような感じでした。

2.2　次の10年（2010年代）

2010 年代に入ると，最初に光交付金（住民生活に光をそそぐ交付金）がドーンと入って，認定司書制度もスタートし，文科省の「図書館の設置及び運営上の望ましい基準」（以下「望ましい基準」）の中に「課題解決支援」といった言葉も出てきて，日本の図書館にもようやく変化の兆しが生まれてきたという実感がありました。岩手県紫波町などに，新しい公民連携のタイプが出てきたのもこの頃です。2014 年の全国公共図書館協議会調査では，4 割の図書館が課題解決型サービスを実施しているという結果も出ました。

そうした動きにすごく興奮したり，手応えを感じたりしながらも，もう一方では，あともう一歩広がっていかないっていう，もどかしさを感じてもいました。なんというか，せっかく図書館が変わり始めて，ポツンポツンと優れた成功事例が出てきていても，それがいつまでも「点」のままとどまってしまっていて，「線」としてつながっていかない。2014 年には猪谷千香さんの『つながる図書館』も出て，図書館が幅広く連携していくことの重要性が語られたのですが[3]，それをどんどん実践していける図書館と，いつまでたってもできない図書館に分かれてしまう。あるいはすごくいいサービスを始めていたのに，たとえば館長さんが交代したりキー（key）になる人がいなくなってしまったりすると，あっという間にまた元に戻ってしまう。サービスの持続性とか継続性に，危ういものを感じていました。

2.3 2020年の挫折

そんななかで，2020年に会計年度任用職員が導入されたときは，大きな挫折感を味わいました。今後を期待できそうな図書館がようやく増えてきていたのに，これは図書館だけのことではないですけれども，自治体としてはこういう制度を導入するんだという決定がいきなり上から下りてきた。一方ではすごく華やかな，新館ブームといわれるような動きがあるなかで，今後の発展を一番担っていかなければいけない職員の部分はまったく重視されないというか，そこをしっかり育てていかなきゃいけないという意識が行政にまったくないというのは，とてもショックでした。図書館を支える骨格をすごく危ういものにする，下手すると昔よりさらに劣化させかねない，と思いましたし，行政とか政治家にとって，図書館のイメージって，もしかしたら20年前とまったく変わってないんじゃないか，華やかに見えるのは上辺だけなんじゃないか，というような疑問さえ抱きました。

2.4 2017年 ALAとの出会い

それと前後して，2017年に私はアメリカ図書館協会

（American Library Association：ALA）の年次大会に参加をしています。日本に生まれたすばらしい取組みをアメリカに報告しに行こうという目的でした。私たちの活動の最初のきっかけもニューヨーク公共図書館でしたし，その後もいろいろなアメリカの事例を参考にしながら活動を進めてきたところがありましたので，日本でもこんなにすばらしい成果が出てきたというのを本家本元のアメリカに報告しに行きたい，「見て見て，日本の図書館も頑張っているでしょ」と自慢してきたい，というような感じでした。

ところが現地に行ってみたら，スケールの違いに圧倒されてしまった。ALA の大会は 6 日間にわたって世界 60 カ国から 2 万人以上を集め，2000 のイベントが行われるんですが，その規模の大きさに度肝を抜かれただけじゃなく，何よりも，そこにいるライブラリアンたちの活気というか自信というかがまぶしいほどで，どうしてこの人たちはこんなに自信に満ちているんだろう，堂々と迷いなく自分たちの仕事について語れるんだろうって，大きな刺激を受けました。

先ほども申し上げましたが，日本では，優れた事例も実際は図書館現場の必死の頑張りで，なんとか成功させているというような危うさを感じていましたので，アメリカのライブラリアンたちの余裕というか，何かすごくしっかりと根を張って連帯しているみたいな部分にものすごく感動しました。自分たちが 20 年間，公共図書館の中で，ビジネス支援サービスという一つのサービスの形態ではありましたけれども，広げようとしてやってきたこととの違いを見せつけられたというか，どうして自分たちはこんなふうにできていないのか，なぜ日本の図書館はうまくいっていないのかということを，ちゃんと考えたいと思いました。それがアメリカの図書館のことを調べるきっかけになりました。

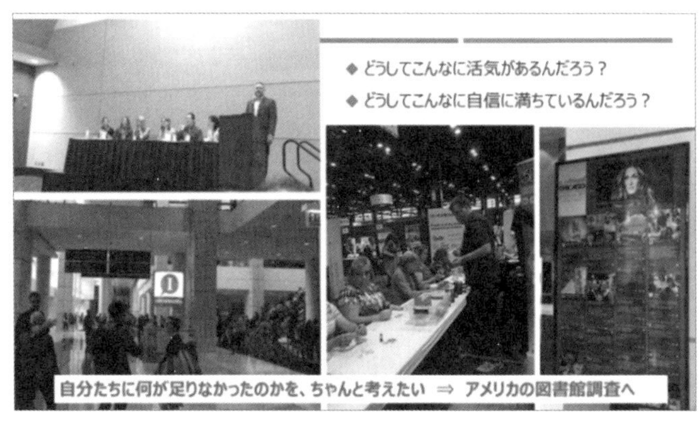

図1　スライド「2017年 ALAとの出会い」

3. アメリカの図書館界を勉強してみて感じる違い

3.1　デジタルとの距離感

アメリカの図書館界を勉強してみると，日本との違いを感じる部分はいくつもあったのですが，まず一つ大きな点として挙げられるのが，デジタル情報の取り込み方ですね。日本の図書館サービスは，どうしても印刷物が中心で，デジタル情報も少しずつ取り入れてはいるものの，まだまだ主流にはなっていない。そもそも館内に利用者用のパソコンを置いていない図書館が圧倒的に多い。たとえ利用者用のパソコンを置いていても，ウェブサイトで検索したものを印刷させないとか，そもそもプリンタにつながっていないとか。アメリカでは図書館にパソコンを置いて，それによって市民の情報へのアクセス権を守ろうという意識が強くあるのですが，日本ではそういった議論がほとんどみられない。

私は札幌にある大学で非常勤講師をやっていますけれども（講演時)，コロナ禍の 3 年間は本当に忸怩たる思いを抱えながらやってきました。私は学生に情報検索を教える授業を受け持っていましたが，3 年前（2020 年）にコロナのためにいきなり大学が閉じられたときは，本当に学生を放り出しちゃった印象でした。オンラインで授業をやるわけですけれども，誰もが自宅にパソコンを持っているわけではない。学生によってはスマホで授業を聞く。でもスマホだってそんな，ギガ使いたい放題みたいな契約をしている子ばっかりじゃないし，決していいネット環境があるとは限らない。なのに大学は図書館まで閉じてしまって，周辺にはパソコンを使える場所さえない。学生は自宅でスマホで授業を受け，情報検索もスマホでやり，下手するとレポートもスマホで書いてくる。この子たちの，学びの環境というものを，どこかでちゃんと保障してあげなければってすごく思ったし，大学の図書館を開けられないのかとか，ちょっと交渉してみたりもしましたけれども，うまくいかない。そもそも大学図書館のパソコン自体がものすごく古くて，立ち上げるだけで 10 分もかかるようなひどいシロモノで，これじゃ学生がここに来たとしても，ろくに情報検索もできないという感じだった。学生の学び，彼らの情報へのアクセス，そういうものを保証していこうとする環境が，本当にできていないというのを実感した 3 年間でした。

アメリカでは，今日の図書館の使命は，市民の情報アクセスの保障にあるというのを，すごく意識しています。ですから館内の Wi-Fi 環境を整えて利用者パソコンを置くというのは最低限やるし，日常のサービスも，オンライン情報を当然，通常サービスの範囲に入れながら組み立てます。コロナ禍で図書館を閉じなければいけなかったときは，タブレット端末を貸し出し，図書館の周辺に Wi-Fi の電波を飛ばして，住民の情報アクセスをなんとか支えようとしたりもした。図書館が閉館していても，オンラインで読み聞かせの時間を提供しようとか，必要な情報を電子化して届けようとか，そういった新しい試みを取り入れながら，なんとかサービスを維持していこうとする活動が見られました。

日本の中でももちろん，コロナ禍でのサービスのあり方について議論があったかと思います。でも著作権の問題とか，公衆送信権の問題とか，それを考えるとできないよね，で終わってしまって，それを超えてなんとか実現する道を探そうというようなところまでいかなかったのではないかと思っています。

3.2　政策への参画

それからもう一つ，日米で大きく違うと感じたのが，政策の策定プロセスに参画していこうとする意志です。

どこの国でも，政権がけっこう大きなお金をつけるときというのがあるわけですよね。日本でだったら地方創生とか，GIGAスクール構想とか，こども政策とか，そういう政権の目玉政策には，もう何兆円という規模の予算がいきなりドンとついたりする。ただ図書館界が，そうした目玉政策に絡んでいって，予算の一部を取ってくるというのが，なんとも弱い。特にGIGAスクールなどは，どうしてもっと絡まないんだろうかと不思議に思っています。子どもたちに一人 1 台の情報端末を与えても，そこにはコンテンツが乏しくて，学校現場でどう活用するのかって問題が一方で沸き起こっているのに，どうしてそこに図書館が入っていかないのかと，私などは非常にもどかしく思ってしまう。電子情報を使った教育をするなら，そこに電子コンテンツをちゃんと充実させて，子どもたちにいい地域資料であったり，学びの材料であったりを提供していかなくちゃいけない，それには図書館の協力がなければならない，っていうようなアプローチがみられない。学校現場で行われていることに，多くの公共図書館はあまり関心を持たず，学校図書館が置き去りにされている。教育委員会においても，図書館抜きにどんどん議論が進んでしまう。

それから補助金の活用をあまり公言しないのも日本の特徴だと思います。あとからまた出てくると思いますけれども，実際，日本の図書館でも補助金は比較的よく使われています。しかしそれを活用したことをあまり明確に言わない。私が「たとえばここの補助金を活用してみれば」といったことを提案してみても，抵抗感を示す図書館の人は意外と多い。ビジネス支援図書館推進協議会で経産省の人たちと一緒に動き始めたときにも，中小企業庁からの補助金を活用してビジネス支援サービスを始めるということに，びっくりするようなネガティブなことを言われた経験もあります。図書館のプレゼンスを上げるために，政府から補助金をもらうということが，図書館の独立性を脅かし，政権のお先棒を担いでいるように思われる。実際は，補助金を申請して，それを活用している図書館はけっこう多いようなのですが，それをあまり公に語りたがらない。そのために，その補助金の使い勝手とか，メリット・デメリットといったことについての経験共有や議論が進まない。

アメリカの場合，もちろん政府のすべての政策に絡もうというわけではないですけれども，「これは」というときには，迷いなく政権に食い込んでいきます。本（『闘う図書館』）にも書かせていただきましたが，クリントン政権下で「情報スーパーハイウェイ構想」が出てきたときとか，オバマ政権下で「ものづくり立国」が宣言されて，STEM 教育，新しい時代のものづくりスキルというものを子どもたちに身に付けさせていかなければいけないというような方針が出てきたときには，これはもう政策スキームの中に図書館が絶対入らなくちゃだめだっていうような積極アピールを，図書館界全体としても，個々の図書館のレベルでもします。そしてそのことによって，図書館にも政府予算がついて，インターネット接続料金の割引が適用されたり，全米の公共図書館に 3D プリンタが配置されたりといった動きにつながっていく。こうした活動は，図書館に新たな財源をもたらし，図書館が新しいサービスを始められるようにするだけではありません。政府に対しても図書館の存在をアピールし，政策実現のために図書館が果たせる役割や図書館がもたらす価値があるということを認識してもらうきっかけにもなるんです。こういう図書館と政策とのいい相互作用が，日本には乏しいと感じます。

またアメリカでは，補助金を受けた事業は，必ずその報告書が出ます。政府の補助金はシーズマネー（元本）なので，これを利用して，いかに図書館の新サービスを育てたかとか，大きな効果をもたらすことができたとか，成果評価の指標が入っています。そこでは，その補助金を受けた個々の図書館の事業評価だけではなく，補助金事業そのものの評価も下される。日本の場合は，けっこうな補助金がばらまかれていても，それによってどんな成果があったのかが，いまひとつみえない。あげたらあげっぱなし，もらったらもらいっぱなしみたいなところが，ちょっとあって，補助金の効果がレビューされない。そのため，補助金の内容が十年前から変わらないとか，あまり発展していかないとかいう問題があるように感じています。

3.3 図書館はなぜ，なかなか新しいサービスを始められないのか？

日本の図書館がなぜ，なかなか新しいサービスを始められないのかというのを考えたときに，私は最初は「職員のやる気の問題だ」みたいなことを言っていた時期もあったのですけれども，今はもっと構造的な問題があると考えています。

図書館には基本的なサービスというのがあって，たとえば一般書の貸出とか子どもへの読み聞かせとか，こうしたことは絶対にやめられないコアな部分としてあるわけですよね。でも周辺には，図書館としてやってみたいサービスとか，あるいはやるべきだと思うサービスとか，あるいは新しいニーズがあるから，それに応えていかなくちゃいけないって思うサービスなどが広がっている。ところが少ない図書館予算では，基本サービスの部分でもういっぱいいっぱいになってしまって，とても周辺の新サービスのほうに人手とか予算が割けられない。しかも新サービスの利用者というのは，図書館のコアユーザとはちょっと違うところにいるので，そういう新規の利用者にターゲットを置いてサービスを広げていこうとすると，周知するにも時間がかかるし，結果を出すにはもっと時間がかかる。そうすると先ほどの話じゃないですけれども，やる気のある人がいる間は，一生懸命頑張って，なんとか実現していても，そのキーパーソンがいなくなっちゃうと，もうその頑張りが続けられなくなって，いつの間にかまた昔ながらの基本サービスだけに戻ってしまう。

予算が増えなかったり，対前年比一律マイナス5%，マイナス8%みたいな圧縮圧力がかかったりしてしまうと，下手をすると基本サービスさえきっちり守れない，どんどん縮小されていくというのが日本の図書館の実情なのではないかと思います。

3.3.1 アメリカ図書館界の新サービスを広げていく仕組み

アメリカでは，新しいタイプのサービスを図書館に広げていこうというとき，まず，モデルとなるリーダー館を公募するんです。この人たちは本当にやる気もあるし，とても優秀なスタッフもいて，先進的な経験を重ねてきたようなところなので，まずはこのリーダー館に補助金をつけて，成功モデルを作る。そして次に彼らの経験を，どういうふうなサービスをやって，どんな成果が生まれた，というテキストにまとめる。それが次に研修やワークショップの形になって各地に伝えられ，全国の小さな図書館だったりへき地の図書館だったり，なかなか自力では新サービスを始められないようなところに広がっていく。それが各地の図書館へのサービス波及という形になって表れ，図書館全体の底上げにつながっていく。そういう流れがあります。

アメリカ図書館界の新サービスを広げていく仕組み
戦略的投資（補助金）の活用
- モデルとなるリーダー館を公募で選び、そこに補助金およびコンサルをつけることで、新サービスを実現する
- その成果と課題を検証し、サービス実現のためのモデルを作る
- モデルを広げるための研修・ワークショップを全国で開催する
リーダー館
成功事例のモデル化
研修・ワークショップの開催
全国への波及

図2　スライド「アメリカ図書館界の新サービスを広げていく仕組み」

3.3.2　たとえば LTC の場合

一つの例として，ALA が肝いりで始めた「地域を変革する図書館」プロジェクトというのを紹介したいと思います[4)]。まず 2012 年，ALA は博物館・図書館サービス機構（Institute of Museum and Library Services: IMLS）という，図書館や博物館の国としての戦略ビジョンを立ち上げたりあるいは助成金を出したりするような独立行政機関から 25 万ドルの助成金をもらって，初期のプログラム開発を委託します。それを担当したのがハーウッド研究所（The Harwood Institute）という地域コンサルタント会社です。ここの所長 Richard Harwood さんは，図書館を核にして地域変革を実現できるんじゃないかといった提案をずっとしてきた人なんです。だからこそ ALA は

まずこの研究所に，図書館を地域づくりのハブにして，ライブラリアンを地域変革のファシリテータにするための研修プログラムを考えてもらったわけです。

そして2013年，次の段階として，この活動を実証するためのプロジェクトに参加したい図書館を全米から公募する。80館の応募があったなかで，10館が選ばれます。人口380万人なんていう巨大都市ロサンゼルスの図書館もあれば，1900人しかいない小さな村の図書館もある。規模的にも地域的にもさまざまな，それでいて新プロジェクトをやってみたいと考える各地のリーダー格の図書館が選ばれます。このときにALAはビル＆メリンダ・ゲイツ財団からさらに150万ドルをもらって，2014年，そのお金で10館の代表チームをデンバーに集め，ハーウッド研究所によって3日間の研修をしてもらう。そして2015年から2年間にわたって，これらの10館がそれぞれの地域で行う実践についてもサポートしてもらう。

2017年この2年間の活動を終えると，それぞれの町での実践の成果と課題がまとめられ，共有されます。私が参加した2017年のALA大会で，その一部が事例紹介されていて，私はそのときに初めて，ALAがこんなプロジェクトに取り組んでいたんだというのを知ったんです。

その後，やはり「地域変革」とひとことで言っても，都市部や地方とではやり方もアプローチも違う，という話になり，2018年には研修プログラムを「都市部・大規模」，「学術・大学」「地方・中小規模」の三つに分けます。そしてこの三つのタイプの研修を，各地で展開し，そこで研修を受けた人たちが，またそれぞれの地域で頑張るという。まさに10年越しで，非常に戦略的組織的に研修が行われていくんです。

図３　スライド「たとえばLTCの場合」

私は『闘う図書館』の本の中では，このALAの「地域を変革する図書館」のプロジェクトが，数年後に博物館・図書館サービス機構の「地域触発者としての博物館・図書館」イニシアチブに受け継がれた，というふうに書いてしまったんですけれども，その後，ALAはこのプロジェクトを決して終えたわけではなかったということを知りました。2023年にKnologyからその報告書が出たことでわかったのですが[5]，ALAは2019年に，また別の民間機関から200万ドルを調達して，2020年からの2年間，コロナ禍の真っ最中ですけれども，「地方・小規模」図書館にターゲットを絞った活動を継続させました。

アメリカの図書館の 75%はサービス人口が 2.5 万人未満の小規模図書館であり，半分以上は，主要都市から 8 ㎞以上離れている地方図書館であるということで，まさに「地方・小規模」図書館こそがアメリカの図書館界の屋台骨になっている。その 560 館に，各 3000 ドル，日本円にして各館 40 万円くらいの補助金を出し，それで地域のために図書館ができることをやろう，というプロジェクトです。報告書の抄訳を，『図書館雑誌』2023 年 9 月号に掲載しましたので，ご興味があればぜひ読んでいただきたいと思っています[6)]。

3.4　戦略的な研修

日本では文科省が「望ましい基準」を策定し，図書館としてはこういう姿が望ましい，というような提言を行いますが，それを実現するために予算がつくかというと，必ずしもそういうわけではない。提言を出したあとは，各図書館が自分たちで頑張りなさいといった感じで，その提言の内容を実現するための研修が行われるわけでもない。文科省の役割は，「望ましい基準」の中身とか意義を伝えるところで止まってしまっていて，では一つ一つの館で，どういうふうにそれを実現していくのかについては，各館の努力に委ねられている。

もちろん日本の研修のなかでも，優れた事例紹介というのはよくみられると思います。ビジネス支援サービスのための講習会[7)]でも，優れた実践の事例発表は，毎年必ずやっています。でも図書館って，予算も規模もその環境もそこで働いている人も，すべて一館一館で違うわけですよね。そうすると，A館がいくらすごいことやっていても，それをB館とかC館が，自分の図書館で実現するためにどうすればいいのか，ということについては，A館の事例ではわからない。B館やC館は自分の頭で考えるしかない。そうすると，先進的なA館はいろいろな経験を積んで，成果を積み上げていくことができるかもしれないけれども，自力でできないB館やC館は，いつまでたっても置き去りにされてしまう。またA館も，実際はそんなに楽々とそれを実現できたわけではなくて，いろいろ人には言えない苦労もあっただろうし，失敗も重ねてきているかもしれないけれども，それが公表されない限り，それをB館やC館が知ることはない。せっかくA館が苦労を重ねながら学んだ経験値が，業界の中で共有されることがなくて，B館やC館は，また同じ問題で悩むことになる。

一方でアメリカの研修は，日本とずいぶん違います。まずこれからの図書館は，地域を変革していくハブになっていくべきじゃないのか，っていうような，壮大なビジョンがあったとして，そういうビジョンを実現するための資金が，通常の運営費とは別に準備される。そしてそこに戦略的組織的な研修が行われる。そこでは事例紹介というよりも，こういうサービスを実現するために必要となる五つの要素を考えてみようとか，あるいは実現に向けてどういう段階を踏んでいくのがいいかといった，ワークショップ形式の研修が中心になるんです。

先ほどの「地域を変革する図書館」のプロジェクトでも，報告書では七つのステップが紹介されているんですけれども，最初は住民の意見を聞くところから始まって，次に住民を巻き込んだ議論をするとか，次に外部団体と提携するとか，資金を獲得するとか，図書館が住民と一緒に地域を変えていく最終段階まで進むのに，どうしていったらいいのか，というのが各館の事例と共に語られています。そのワークショップに参加した図書館も，単純に他館の成功事例を拝聴するということではなくて，自分の館にとって，この5要素って何だろうかとか，自分のところでこういう段階を踏んでいくためにはどうすればいいのかを考える。そこで自分の考えを述べたり，みんなで議論したり，あるいはそこにいる講師の方，コンサルタントの方と相談したりしながら，自館で次にやるべきことを学べるようになっているんです。

そして陥りやすい失敗とか，よくある苦労なども共有されます。個別の事例紹介ではあまりにも差し障りが大きくて，「そんな赤裸々なこととても言えません」といったこともあるかもしれないんですが，一般化された研修では図書館によくある問題として扱うので，たとえばスタッフ間の問題とか，館内における合意形成の問題とか，予算獲得とか，ああやっぱりみんなこういうところで苦労しているんだな，というのが共有される。図書館がぶち当たる壁って，けっこうどこでも同じようなパターンがあるので，そうすると，苦労しているのが自分たちだけではないということがわかって，こういうところがやっぱり一番乗り越えないといけないところだねとか，苦しいけど肝心な点だね，といったことが共有される。先行図書館が苦労して積み上げてきた経験値といったものが，業界全体で蓄積されていく。それが図書館界全体の底上げに活用されていくのです。

3.5 連邦や州からの助成金は同じでも，市町村の公共図書館予算が増加

こちらの図はアメリカの公共図書館の予算を財源別に見たものです（図 4）。IMLS の Public Libraries Survey から，3 年ごとの数値をとっています。これを見たときに，連邦や州からの予算というのは過去 30 年間，ほとんど増えていないということが確認できる。でもここで驚くのは，基礎自治体（市町村）の図書館予算が確実に増えているということなんです。

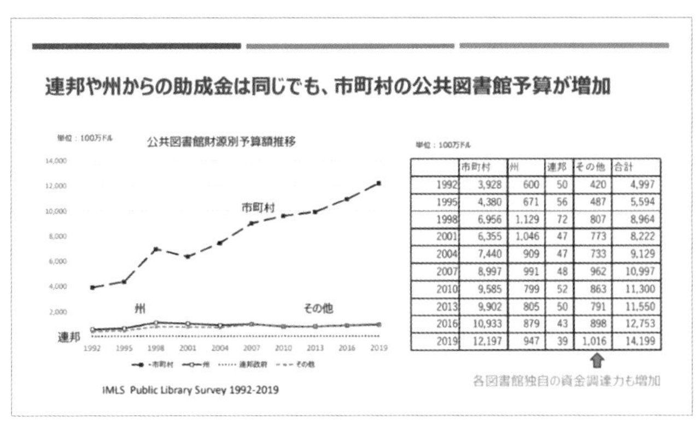

	市町村	州	連邦	その他	合計
1992	3,928	600	50	420	4,997
1995	4,380	671	56	487	5,594
1998	6,956	1,129	72	807	8,964
2001	6,355	1,046	47	773	8,222
2004	7,440	909	47	733	9,129
2007	8,997	991	48	962	10,997
2010	9,585	799	52	863	11,300
2013	9,902	805	50	791	11,550
2016	10,933	879	43	898	12,753
2019	12,197	947	39	1,016	14,199

図 4　スライド「連邦や州からの助成金は同じでも，市町村の公共図書館予算が増加」

先ほども申し上げたように，アメリカでは連邦や州からくる助成金というのは，シーズマネーと呼ばれて，これらはあくまでシーズ（種）まきのためのお金です。各自治体が，これを元本にして，いろいろな新サービスをトライしていくことによって，それぞれの自治体において花を開かせていくことが期待されているわけですけれども，それがこのように実を結んでいるのか，というのがこの表からわかります。

そしてもう一つ，「その他」の財源というのにも注目したいと思います。これは図書館が州や自治体とは別に，自分で調達してくるお金なんですけれども，それも確実に増えてきています。これはグラフよりも，こちらの表の数値を見ていただいたほうがわかりやすいかと思いますが，30 年前の 2.5 倍に増えていて，今や州から下りてくる補助金よりも，市町村図書館が自分で調達してくるお金のほうが多いことがわかります。

3.5.1　図書館の力が実証されれば，資金は増えていく

つまり，うまく補助金を利用して，ちゃんとした研修をして，新しいサービスといったものを実現させて，それが地元できちんと評価されれば，その有効性が認められて，基礎自治体における図書館予算の増加につなげることができる，ということなんです。この新しいサービスはとっても利用者に喜ばれているよね，住民にとっても大事なことだよねっていうことが実証されれば，最初は連邦や州の補助金で実現したサービスだとしても，次の年からは市町村の予算に組み入れてもらうようにできる。このようにして，図書館が基礎自治体の予算枠で行う基本

サービスの領域を拡大させていくことができるんです。

そして連邦や州からくる補助金を使って，さらにまたその外側に図書館としてやってみたいサービス，やるべきだと思うサービス，あるいは新しいニーズに応えていくためのサービスを広げていくこともできる。つまり図書館の可能性や役割も，どんどん拡大していくことができる。最初に少し援助してもらえたら，その後はサービスの価値をきっと住民に伝えることができる，住民もきっとそのよさを実感してもらえると信じるからこそ，図書館は積極的に独自の資金調達をして，新サービスを実現しようと意欲をもてるのだとも思います。

3.5.2　補助金額の日米比較（2019 年度実績）

そこで改めて，日米の補助金を比較してみました。コロナの影響を省くために 2019 年の，コロナ前の数値を拾っています（図 5)。

文科省の『地方教育費調査』を見てみると，日本の場合，市町村立図書館が国から受けている補助金というのは 40 億円ぐらいあります。アメリカの場合は，連邦から市町村立図書館に行く補助金は 3900 万ドルで，これを 1 ドル 135 円で換算すると約 52 億円。日米でそんなに遜色がないんです。これには私もちょっと驚きました。アメリカには日本の 3 倍の数の図書館がありますから，1 館あたりの金額でいえば，むしろ日本のほうが潤沢なくらいです。これがちゃんと有効に活用されているのかどうかは，また別の問題になるかと思いますが。

次に広域自治体のレベルですが，日本の県とアメリカの州を比較してみると，日本の県立図書館の場合は，国から来ているお金が 2 億円しかないのに対して，アメリカが州立図書館に出している金額というのが，日本円に換算すると約 225 億円となって，ここには 100 倍以上の違いがあります。ここに圧倒的な差があるということがわかりますし，日本の図書館の弱さというか，「点」が「線」につながっていかない主な原因は，まさにここなのかもしれない，とこの数値を見たときに思いました。

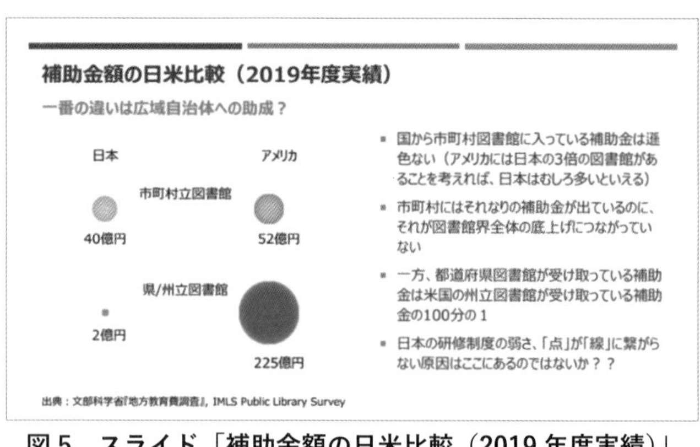

図 5　スライド「補助金額の日米比較（2019 年度実績）」

3.6　国と基礎自治体をつなぐ中間組織の存在

国と基礎自治体をつなぐ中間組織の存在というか，広域自治体の役割というのは，やっぱりすごく大きいのだと考えています。ここに，日本の県立図書館とアメリカの州立図書館の予算規模の比較も出しました。これはすべての図書館の予算を合計した数値ですが，アメリカの州立図書館の場合は13億ドル，円に換算すれば1700億円規模の予算があるのに対して，日本の都道府県図書館は合計でたった264億円しかないという，ここでもかなりの違いが出ています。この中間組織は，国の政策やビジョンが出てきたときに，それぞれの県，広域自治体の事情にあわせて，それを修正し柔軟に適応させて，地域ごとに研修を行ったり実践の支援を行ったりする役割を担うわけです。この組織は常に，広域全体の図書館の底上げを意識しているので，地域の中でも独りでやっていけるような大きなところよりは，わりと小さいところに支援の手を差し伸べていくような感じになります。どうやって補助金を申請したらいいのかとか，どういうふうにそれを使ってサービスを実現していけばいいのかとか，どういうふうに壁を乗り越えていけばいいのかとか，そういう支援ですね。

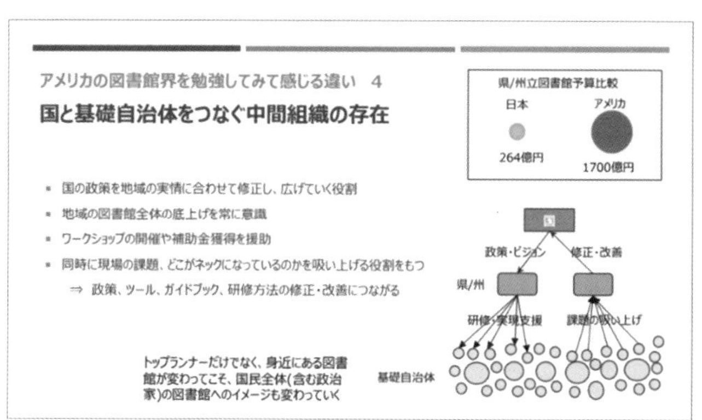

図6　スライド「国と基礎自治体をつなぐ中間組織の存在」

それと同時に中間組織は，政策の実現のために，どの辺が各図書館にとってネックになっていて，難しいところなのかといった点を吸い上げる役割ももっていて，そういった課題が国にまたフィードバックされて，そして政策だったり，ツールだったりガイドブックだったり，研修方法などに反映され，修正・改善されていくという逆の流れも作るんです。

全国のトップランナーだけじゃなく，身近にある図書館が変わっていってこそ，人々の図書館のイメージというのも変わります。アメリカでも，ニューヨーク公共図書館でやっていますとか言っても，あそこはちょっと特別よっていう感じが強くて，なかなかそんなに参考にはならない。でも本当に身近にある図書館の分館でこういうことが始まっているとかいったことは，地域の話題にもなるし，住民の図書館に対する意識も変える。もちろんそのなかには政治家もいるし，行政の人もいる。図書館ってこういうふうなことができる，今すでにやっている，あるいは今後できる可能性をもつ組織なんだ，施設なんだということが，政策担当者にも実感として伝わっていくんじゃないかと思います。

4. 図書館のつなげる役割

図書館というのは，人やモノをつなげていくことができます。そういう役割が今，すごく期待されているし，実際に図書館の強みはそこにあると私は思っています。かつては人と情報をつなげるのが主な仕事だったかもしれませんが，今は情報だけじゃない，地域で暮らすさまざまな人と人とをつないで，地域にある資産をつないでいくことが期待されています。

そして地域のいろいろな声を吸い上げたら，今度はそれを行政につなげることもできる。図書館は，そういう役割を果たす，すごくいいポジションにいるし，そこをこれからの図書館の大きな役割として，認識していいと私は思っているんです。

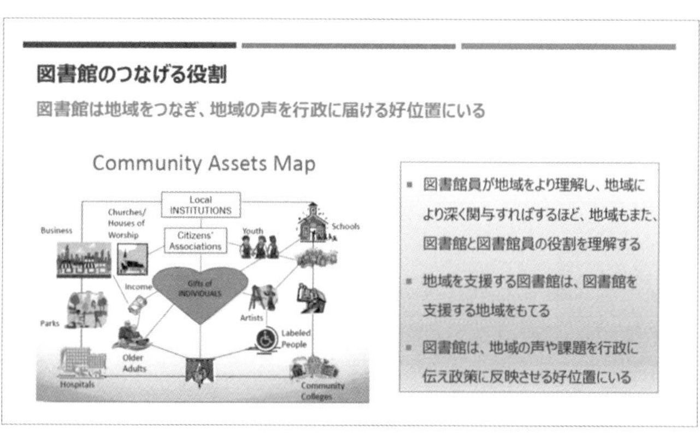

図７　スライド「図書館のつなげる役割」

5. 日本の図書館を発展させていくための課題（私見）

最後に，日本の図書館を発展させていくための課題として，個人的な意見をまとめさせていただきます。まずはやっぱり長期的な視野に立ったビジョンが必要だと思っています。今後の10年，20年先を見据えて，それに基づいて図書館振興計画をたて，推進していくんだっていうような戦略性がやっぱり欲しい。

それから，デジタルを積極的に取り入れていく姿勢が大事だと思います。日本の公共図書館がデジタルをサービスの真ん中に置くのは，ちょっとまだもう少し時間がかかりそうですが，せめて大学図書館あたりはもっとデジタルを積極的に取り入れて，利用促進してもらいたい。特に学内や地域のパソコンを持っていない人々に対して，デジタル上にある情報へのアクセス権を保証するという考え方がもっと必要だと感じています。

それから三つ目に，政策の策定への参加。やっぱり今，各基礎自治体は，恒常的な予算低減に直面していて，もう本当に毎年，対前年比減という感じで，基本予算は減少する一方なわけです。そうなると，いわゆる政策的予算というか，補助金を活用していくしか，図書館の中に新しいサービスを生んでいく道はないんじゃないかと感じています。毎年の予算折衝のなかで，なんとか前年同額の予算を維持するために四苦八苦するのも大切ですが，補助金や特別予算を資源として有効活用することを考えるのも，もっとやったほうがいいと思っています。

そしてトップランナーの事例をモデル化する。日本の中にも優れた活動をしている公共図書館はたくさんあるわけですから，そのやり方を一般化して，波及・浸透させていく。図書館界で活動していらっしゃるコンサルタントの方々なんかが，こういうモデル化に取り組んでいる部分もあるかと思うのですが，やっぱりコンサルを雇える図書館とそうでない図書館があるので，中間組織であったり国であったり日本図書館協会みたいな協会であったりが，日常的な研修活動のなかで，もっとこういったモデル化，波及，浸透といったことに取り組んでくださるといいなと思っています。

そして，地域の小規模の図書館の支援。このなかには学校とか専門図書館も入ります。先ほども申し上げましたが，今，GIGA スクール構想によって学校図書館はすごくクリティカルな立場にあると思いますけれども，ワンパーソンが多いためもあって，学校図書館員は研修も行き届いていないし，学校教育のなかにも入り込めていない。それから専門図書館も閉鎖されるところが増えています。私は企業ライブラリアンでしたから，ずっと専門図書館のフィールドで活動してきましたけれども，もう本当に一人のオペレーションでやっているようなところが増えてしまって，他の図書館とつながれていない状態。学校も，専門も，大学も，公共も含めた，図書館全体の底上げをミッションとするような中間組織といったものがもっと力をつけて，図書館ネットワークを構築していってほしいと願っています。図書館はつながっていけば，とても強い力を発揮するけれども，つながれていないと，非常にもろい組織なのです。

日本の図書館界について，こんなふうにできたらいいな，こういうことが必要だなと思うところをかなり勝手に述べさせていただきましたが，じゃあここから先，どこからどうすればいいのかというところは，このあとの議論の時間で，皆さんの意見も伺いたいですし，一緒に考え，話し合いながら，知恵を寄せ合っていきたいというふうに思っています。どうぞよろしくお願いいたします。

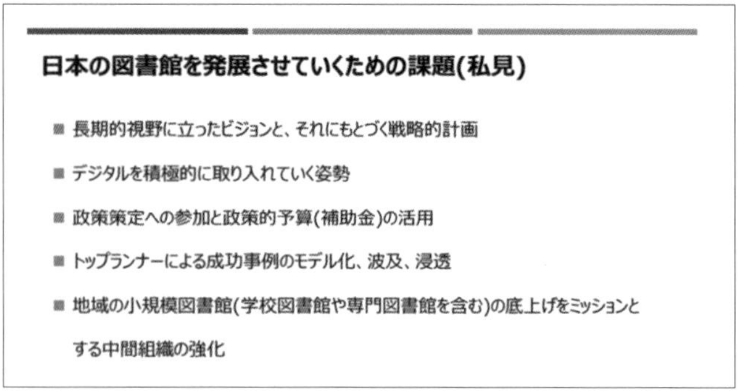

日本の図書館を発展させていくための課題(私見)

- 長期的視野に立ったビジョンと、それにもとづく戦略的計画
- デジタルを積極的に取り入れていく姿勢
- 政策策定への参加と政策的予算(補助金)の活用
- トップランナーによる成功事例のモデル化、波及、浸透
- 地域の小規模図書館(学校図書館や専門図書館を含む)の底上げをミッションとする中間組織の強化

図８　スライド「日本の図書館を発展させていくための課題（私見）」

【質疑応答】

｜**質問 1：**アメリカの市町村図書館の独自の資金調達というのは，どういうものがありますか。｜

豊田：アメリカの市町村図書館では，たとえば図書館の除籍本の販売をしたり，自分たちで図書館グッズを販売したりという活動から始まっていますが，最近では個人から寄付を集めることもするし，それから地元の企業であったり，財団などからお金をもらってきたりというようなことにも広がっています。図書館の資金集めのために，作家を呼んでイベントを開催したり，図書館前の広場でイベントを開くといった例もあります。

｜**質問 2：**市町村立図書館への国の補助金は何に対して，どこの省庁から出ていますか。そんなにあるとは思えません。｜

豊田：こちらの出典は文科省の令和 3 年度「地方教育費調査」[8]で，財源別社会教育費というのを拾っています。この国庫補助金というものの中には，もちろん文科省以外の省庁からのものも入ってきていると思いますが，その内訳はわからないです。また図書館費の中のいったいどういったところに使われたのかということも，この調査ではわからない。私も実際，この数値を見たときにはちょっと驚いて，こんなに，どういうところから来てどういうところに使われているのかを，もう少しよく調べたいと思いました。

筑波大学の小泉公乃さんが，カレントアウェアネスで一度まとめられていますが[9]，たとえば，地方創生に関わる交付金

（「地方創生拠点整備交付金」，「地方創生推進交付金」）であるとか，あるいは国土交通省の「社会資本整備総合交付金」などを使っている図書館もあるようですし，「デジタル田園都市国家構想交付金」もかなり使われていると聞きます。あと北海道など人口が少ないところは，過疎地向けの助成金をもらっていたりすることもあります。まだ他にもあるかもしれませんが，そういったものが積み上がって，この金額になっているのかなと想像しています。

｜**質問 3：**アメリカは州立図書館に対する補助金が非常に大きく 225 億円あるとありました。ご著書『闘う図書館』の中で，連邦政府から州に補助金が出て，それを州が州内の図書館に分けるというやり方が非常に強力だという紹介がありましたが，これがその補助金だということでしょうか。｜

豊田：そのとおりです。アメリカの場合，州が連邦からもらう補助金は，州自体の活動に対して使われる部分と，州がその先の基礎自治体に分けていく部分とがあるので，この金額が全部いわゆる州立図書館に向けられているとは限りません。ただ州としてこれだけ自由になるお金がある，自分に裁量権がある予算を持っていて，それが広域全体の図書館振興に使われているということです。

｜**質問 4：**広域自治体が，予算獲得や全体の底上げをサポートする中間組織としての役割を担うというのは，大切なことだと思っています。このことがスタンダードになるためには，改訂が検討されつつある「望ましい基準」の改訂を行うことが必要だと思われます。ですが，なかなか具体的な動きになっていません。文科省の担当の部署に具体的な改訂の動きについて尋ねたところ，第五次『子どもの読書活動の推進に関する基本的な計画』のところに「平成24年に策定された「望ましい基準」を関係者の意見を聴きながら読書バリアフリー法やICTの急速な発展等を踏まえた見直しを検討する必要がある」というようなことを報告書に記載した，ということで，現在のところ，ここが到達点なのかなとみています。こういうところを変えていく必要がある，制度も変えましょうという動きにつながっていったらなと思い，意見として申し上げました。｜

豊田：どうもありがとうございます。「望ましい基準」は，私も近く改訂されるのではないかという話を耳にしていたんですけれども，なかなか進んでいないようですね。図書館制度を変えていくには，まずは「望ましい基準」の見直しが必要だと私も思います。文科省の動きを後押ししていけたらいいですね。

｜**質問5**：「戦略的な研修」の必要性のところで感じたのは，日本の場合，公共図書館職員の70%以上が非正規であるという現実があり，その人たちの研修というのは，大変に「プア」な内容にしかなっていません。有効な研修を行う前提として，まずその現実を変えていくことが必要ではないでしょうか。アメリカではALAを中心にまずモデル化を行い，それを全体に波及するという政策をとっているというところで，日本の1960年代の「中小レポート」のことを思い出しました。当時は日本でもそれなりに燃え上がる運動の動きがあったと思います。日本でそれがその後なぜ失われてしまったのか，その点が問題の発端ではないかという気がしました。図書館を担う職員の問題が大きいと思います。｜

豊田：図書館職員の7割が非正規であるという現実，ここは本当に変えないといけないですね。いわゆる正規の職員と，非正規職員との間の溝も深まっているような気がしています。かつては現場に正規職員と嘱託職員がいたとしても，なんとかチームワークみたいなものがとれていて，コミュニケーションもとっていたと思うのですが，会計年度任用職員制度が入ったあとは，現場のチームワークなどにも悪影響が出ているように感じられてならないんです。現場のニーズをちゃんと踏まえたうえで，どうやって行政から予算を取ってくるかとか，あるいは行政で，たとえばこういう補助金が今度つきそうだけれど，これって現場でうまく使えるんじゃないかとか，図書館現場と行政職とは常に連携をとりあいながら進んでいくことが大切なのに，そこの風通しが悪くなっていないだろうかとか，職員間に断絶が生まれているんじゃないかとか，とても憂慮しています。

非正規雇用の問題については，日本図書館協会も動き始めています[10]ので，図書館界全体の問題としてしっかりと，みんなで一緒に取り組んでいかないといけないですね。

｜**質問6**：例えば政治家や行政とのコミュニケーションとか，図書館の問題についていろいろな運動をするとかっていうようなことは，いわゆる図書館情報学の範囲ではないようにも思いますが，それがやっぱりアメリカ公共図書館界を動かしてきたすごく大きい力なのだとすると，アメリカの公共図書館界ではそういう図書館行政の進め方とか，あるいは図書館外の人とのコミュニケーション，政治家とのコミュニケーションのとり方などが，どこかで教えられているのでしょうか。

豊田：教えられるというよりも，こちらから学びに行くという感じだと思います。図書館情報学の中だけでは教えてもらえないことはいっぱいあるので，自分の業務の中で必要だと思えば，そういうのがわかっている人たちのところに教わりに行くというようなことはすごくよくあると思いますね。

日本の人たちでも，たとえばずっと図書館の中で過ごしてきたけれども，ある程度の責任あるレベルになったときに，もっと行政の仕組みをしっかり勉強したいと思って，勉強しに行く方々もいらっしゃるし，逆に行政のほうからやってきて，自分は図書館のことは何もわからなかったけれど，おもしろそうだからと言って，途中で図書館学を勉強してくださる方もいらっしゃるわけですよね。そういう感じで，図書館がいろいろとおもしろい場所として動いていけば，そこに魅力を感じてやってきてくれる人はいる。逆に図書館の側でも行政とのつながり方とか，関連機関とのつながり方とか，もっと外の世界のことをたくさん学んだほうがいい。人が交流し合って，学び合って，お互いに研修し合ってこそ，いいものが生まれると思います。待っていても向こうから学びはやってこないので，やっぱり自分から動き出すことが大事かなと思っています。

【注・参考文献】

1） 菅谷明子「進化するニューヨーク公共図書館（ルポ）」『中央公論』vol.114, no.8, 1999, p.270-281.

2） 「経済財政運営と構造改革に関する基本方針 2003」の「第 2 部 構造改革への具体的な取組 4. 雇用・人間力の強化 【具体的手段】(2) 雇用機会の創造」に，「「起業」による就業機会の拡大を図るため，ベンチャー企業向けの実践型就業実習の実施や創業・技術経営（MOT）の知識習得のための実効的カリキュラム・講座・ビジネス支援図書館の整備等により，総合的な事業化・市場化支援を推進する。また，創業塾を充実し若手経営者等による「第二創業」の支援を図る。」とある。https://www.mhlw.go.jp/shingi/2003/07/s0728-5d.html,（参照 2024-03-01）.

3） 猪谷千香『つながる図書館：コミュニティの核をめざす試み』（ちくま新書）筑摩書房, 2014, 240p.

4） ALA の Libraries Transforming Communities（LTC）について，詳しくは，豊田恭子「ALA が展開する「地域を変革する図書館」プロジェクト：地域とともに歩む図書館の新たな役割」『図書館雑誌』vol.112, no.2, 2018, p.98-100.

5） Sherman, Melina; Bowen, Elliott; Norlander, Rebecca Joy; and Brucker, Joanna Laursen. *7 Steps to Effective Community Engagement: Evidence from Small & Rural Libraries.* American Library Association & Knology Ltd, 2023, 29p. https://www.ala.org/tools/sites/ala.org.tools/files/content/

FINAL%20230419-ppo-7-steps-to-effective-community-management_0.pdf,（accessed 2024-03-01）.

6） 豊田恭子「地域を変革する七つのステップ：アメリカ図書館協会（ALA）報告書より」『図書館雑誌』vol.117, no.9, 2023, p.592-595.

7） ビジネス支援図書館推進協議会「ビジネス・ライブラリアン講習会」http://www.business-library.jp/category/activity/subcommittee/blcourse/,（参照 2024-03-01）.

8） 文部科学省「結果の概要ー令和 3 年度地方教育費調査（令和 2 会計年度）確定値の公表」https://www.mext.go.jp/b_menu/toukei/001/005/1418002_00005.htm,（参照 2024-03-01）.

9） 小泉公乃「CA2003 - 公立図書館における補助金・交付金の活用」「カレントアウェアネス」no.349, 2021.9.20, p.5-8. https://current.ndl.go.jp/ca2003,（参照 2024-03-01）.

10） 日本図書館協会「図書館非正規職員の処遇についてのお願い」（2023 年 5 月 31 日）https://www.jla.or.jp/demand/tabid/78/Default.aspx?itemid=6996,（参照 2024-03-01）.

コレクションづくりに関する一考察

大串　夏身

昭和女子大学 名誉教授

1. はじめに

地方自治体が設置した公立図書館は，地方自治を構成する団体自治と住民自治のうち，住民が自らの意思と責任に基づいて処理する「住民自治」にふさわしい施設の一つといえる[1)]。図書館のコレクションづくりの根底には，住民の要求がある。コレクションづくりは，地域住民の要望を把握するところからはじまる。それらは，市町村が行う住民意識調査にあらわれる。それらを基本にすえて，年齢構成，職業構成，産業などとともに，地理的，歴史的な条件，設置の目的，地域の課題，さらに既存の図書館であれば，サービス実績などを把握，分析して把握する。

この稿では，コレクションをつくるために，要求を基本にまずコレクションに組み込まれる資料，情報の素材＝「部材」を確認することからはじめたい。次に，コレクションづくりに関わる図書館司書の役割について考える。さらに，公的な公共の場としての図書館での自由な意見の交換が，図書館の自由な資料，情報の収集と提供，住民の知る権利，表現の自由の根底にあることにも言及したい。

2. コレクションをつくるための五つの素材＝「部材」

図書館のコレクションは，従来の印刷物等に加え，コンピュータ情報通信ネットワークを基盤とした社会の到来によって，デジタル化された資料，情報，それもクラウド上のものも加わることになった。本稿では，従来の印刷物と各種のパッケージ化されたメディア，情報についてまず検討し，次に新たに加わりつつある資料，情報について考えることにしたい。

コレクションづくりを，地域に住んでいるひとりの住民の要求を出発点として考えてみよう。

コレクションには，骨格をなす五つの資料，情報群，つまり「部材」が考えられる。その「部材」は，以下のようなものとなる。

① 宇宙が出現してから，地球が生まれ，現在に至るまでに関わる資料，情報群

② 地球上に出現した人間が，さまざまな活動を展開してきた歴史と現在に関わる資料，情報群
③ 地域の資料，情報群
④ コンピュータ情報通信ネットワークを基盤とした情報流通と生産の結果生み出されるデジタル資料，情報群
⑤ 以上とは異なり図書館として設置の目的を実現するための，またサービスを行うのに必要な資料，情報群

次に，個々の項目について少し説明を加えておきたい。まず，ひとりの人間の要求という点で，私自身，図書館に対して，具体的にどのような要求を向けてきたかを振り返っておこう。

3. 図書館への要求を振り返ってみると

家の近くに図書館がなかったこともあって，近くの商店街にあった貸本屋から本を借り，学校では図書室で本を読んだ。

小学校は，学校図書室がいつも開いていたので，ほぼ毎日，登校してからと休み時間は図書室にいた。理由は，幼稚園でひどいいじめにあって，途中で行かなくなり，親が地元の小学校に行くとまたいじめられるのではないかと心配して，遠くの小学校に通わせたという事情があったためだ。小学校では，できるだけ人と接する時間を少なくするために図書室にいて，図書室では，偉人伝などを読んでいた。これは，母の影響で，家の近くの貸本屋で，偉人伝や少年少女向けの講談本を借りて読ん

でいたことと関係があったように思う。中学校では，入学式の日に登校して真っ先に図書室に行って，入口近くに坪田譲治等編『日本少年少女古典文学全集』全30巻（弘文堂，1956-1960）が並んでいるのを見て，やったと思って，まずは『平家物語』などの軍記物から読み始めて，30巻すべて読んだ。特におもしろかったのは，井原西鶴だった。大学では，詩人長谷川龍生について勉強した。大学卒業後，仕事は図書館だった。20年，東京都に在籍したが，そのうち，8年間行政の調査部に出向し，その間は，実によく図書館に通った。行政の調査のためで，さまざまなテーマに関して調べた。特に，国内，海外の取組み例を求められたので，これは，国立国会図書館で，5時以降，一般研究室が確か8時まで開いて，研究テーマを申請すると半年間使えたので，半年ごとにテーマを変えて申請して許可され，ほぼ5年間，東京都に戻るまで通っていた。専門図書館では全国知事会，全国市長会の資料室，東京市政調査会（現在は「公益財団法人後藤・安田記念東京都市研究所」）図書室など。趣味と個人の研究では，ほとんどが印刷物になっているので，それを見返してみるとこれも多岐にわたっている。それらを書くために，それぞれの専門図書館等にも通った。中島みゆきは，大宅壮一文庫と高田馬場駅近くにあった雑誌図書館六月社（2018年6月閉館）。六月社は，入館料を払えば，本棚にある雑誌を自由に手に取って読めた。

こうした個人レベルの要求は，ひどく部分的で断片的だ。住民，利用者，ひとりひとり見ると，皆そうだろう。その部分的で断片的な要求を集めて，その総和が地域住民の図書館への要求となると思われるが，現実の日本の図書館ではそうとはなっていない。一つは住民のすべてが図書館の利用者ではない。よく使う住民は人口の数パーセントというところも少なくない。二つは，地域住民が大なり小なり持っている共通の願いがある。それは，読書，学習，子育て，健康，地域の防災，福祉，地域の課題，まちづくりなどに関してだ。これらは，いわば地域社会からの要求とでもいうべきもので，資料の利用，サービス，特に相談質問・回答サービスの事例などを分析するとわかってくる。

次に，先にあげた五つの「部材」について少し説明しておこう。

4. 五つの「部材」についての説明

① 宇宙が出現してから，地球が生まれ，現在に至るまでに関わる資料，情報群

なぜ，宇宙の始まりからなのか，というと，それは地球上に存在するひとりの人間としての自らよって立つところ，自分が自分であるというアイデンティティのために欠かせないものだからだ。自分が存在することを考えたときに，地球環境，長い時間，その先の宇宙の始まりまでが視野に入る。文学的にいえば，谷川俊太郎の『二十億光年の孤独』（創元社，1952）の世界だ。

② 地球上に出現した人間が，さまざまな活動を展開してきた歴史と現在に関わる資料，情報群

いわば，世界史であり，人間がさまざまに生きてきた，また今生きているという意味で，現在生きている個人の関心が向けられる現代の都市，産業，文化，研究の成果など，人間が生み出しつつあるさまざまなものと社会の仕組み，人々の活動の成果に関するものが含まれる。世界史と現在に関わる資料，情報群で，そこでの世界の出来事は，日々ニュースで接するとおりだ。この世界を，1冊の本に象徴させるとすると，エマニュエル・トッド著，堀茂樹訳『我々はどこから来て、今どこにいるのか？』上・下（文藝春秋，2022）になるだろう。この本は，ホモ・サピエンス誕生から現代までを「家族」を基底にすえて描いたもので，今までの出来事中心の歴史や現状記述から一線を画したものだ。

③ 地域の資料，情報群

地域は，ひとりの人間が生活している場であって，身近で，考えることが多く，同時にさまざまな資料，情報の要求が生み出される場でもある。地域に関わる資料，情報群の役割は大きい。地域への愛着を育てる，地域で生きていくための必要不可欠の情報が得られる，また，国際化が進んで，地域への理解は海外へ行って生活するとか，学習するときなどは欠かせない。地域資料，情報は，①，②と合わせ鏡のように，三つで一つの関係になる。どれが欠けても図書館のコレクションをつくることはできない。特に，地域資料，情報は，今日的，現在の地域

で生きる人々にとって，日常的に参照し，また，生きる意味を知るきっかけになるものも多い。いわば吉野源三郎の『君たちはどう生きるか』（新潮社，1948）に関わる素材が多いのが地域資料，情報の特徴だ。

ひとりの人間から見ると地域は，一番下に①の地球と環境があり，②の人間の歴史と活動がその上にあり，さらにそれらも包み込む地域社会があり，そこには人々の願いがあり，各種施設や都市の装置，建物などが置かれ，その内外での人間の活動が行われ，組織がある。活動も個人，集団，会社，組織などさまざま形態をとる。そうしたものは，地域の資産（コミュニティアセット）といえる。ひとりの人間にとって，地域の資料，情報は，自分が生きている現在のあり方を示し，自分が生きていくうえでの手助けとなってくれるという意味で，非常に大きな意味を持つものだ。図書館が地域の情報センターという「IFLA-UNESCO 公共図書館宣言 2022」[2)] の定義は，これらに，新しい意味を加えるものだろう。図書館の役割は，今まで以上に重要なものとなるように思われるし，それは図書館の可能性を今まで以上に高めるものになろう [3)]。

④ コンピュータ情報通信ネットワークを基盤とした情報流通と生産の結果生み出されるデジタル資料，情報群

新たな情報環境は，①から③に，コレクションづくりのための部材を加える。それは，たとえば，印刷物の世界の主要図書館の所蔵目録は，ネット上の OPAC にとって代わられた。所蔵資料でも同様だ。所蔵資料のデジタル化が行われ，それらが

ネット上に公開されることで，従来の自館の所蔵資料の範囲を超えて，検索，閲覧の範囲が広がった。たとえば，国立国会図書館のデジタル化を見るとよくわかる。海外の図書館や博物館などのデジタル化資料なども含めると膨大な量の資料，情報が検索，閲覧できるようになりつつある。新聞や雑誌記事，学術論文から，法律，特許，統計，地形図，航空写真，行政資料なども検索，閲覧できるようになりつつある。これらは今までの印刷物の所蔵資料に加えて，リストアップして，いつでも検索，閲覧できるようにしておけば，仮想の自館所蔵資料としてコレクションに加えることにもなろう。ところで，デジタル化資料がすべての印刷資料にとって代わられるという考え方には賛成できない。私の図書館での専門分野である調べるサービスに関していえば，新刊書籍は減少しつつあるが，印刷物のレファレンスブックは減っていない。新刊書籍に占める割合は高くなる傾向にある。これは印刷物に対する要求が，情報が増えるなかにあっても増加していることを示すといってもよいだろう[4)]。

⑤ 以上とは異なり図書館として設置の目的を実現するための，またサービスを行うのに必要な資料，情報群

主にレファレンスブック，ツール，オンラインデータベースなど，調べるための道具である。また，障がい者，高齢者，幼児・児童，生徒，外国から移り住んでいる人々などのためのさまざまな資料，情報群もある。

以上，コレクションをつくる素材＝「部材」となるものを検討してきた。これらの「部材」をつくり，骨格をつくり，これに各種の要求を組み込んでいって活用できるようにするのが，図書館の専門職である司書の仕事でもある。加えて，司書は，地域の住民，利用者の潜在的な要求を，顕在する役割も持っている。顕在化することで，より多くの住民に利用してもらうことができる。より多くの人に図書館を使ってもらうことで，コレクションも豊かになる。

図書館のコレクションの骨格は，いわば『二十億光年の孤独』『我々はどこから来て、今どこにいるのか？』そして『君たちはどう生きるか』，つまり人として生きる手がかりになるものから構成され，さらに，人間がよりよく生きていくことに関わるものといってもいい。これらによって骨格が組み立てられ，部分的，断片的な要求を加えて形づくられるコレクションは，積極的に生きることとよりよい地域づくりを促すものとなっていくだろう。そうした作業を図書館で中心になって担うのも，図書館の司書である。

5. 図書館は自由な意見の交換の場

コレクションは，つくって終わりではなく，日々のサービスで活用することで，成長していくものである。そのなかで，一番重要なのは，資料，情報を仲立ちとした，住民，利用者の自由な意見の交換の場と図書館がなることだ。これは，資料と情報がそもそも持っているものと，それらが持っている機能からきている。

資料，情報は，それ自体がお互いに触発し合い，可能性を高めるものだが，人と人の間にあって，人と人を触発し，交流させ，結びつける性質を持っている。資料，情報を仲立ちとして，人と人はお互いに触発し合うとともに，自由に意見を交換する。これによって，図書館という場でお互いに触発して，高め合い，お互いの持つ知識と知識が出会って，新たな知識を生み出す。それが地域にもたらされ，地域が活性化する。新たな知識は地域だけでなく，広く世界を活性化するものともなる。

図書館という公的な場では，その内部に自由に意見を交換する場を持つことが，すべての図書館で実現されなくてはならない。自由な意見の交換は，図書館としての自由な資料，情報の収集，活用のための必要な条件であるし，それに基づく自由な意見の発表，自由な表現は，いわば住民，利用者の権利ともいえる。自由は，思想的に近代社会では，個人と国家権力との関係で設定されたが，図書館では，住民の自由な意見交換とそれから生まれる活動として表現され，それが地域にもたらされることで，地域では自律的な図書館資料，情報の活用とそれを仲立ちとした意見の交換が行われる。さらに，自由な意見交換は，知的な創造とともに，住民の表現を促進し，知ることを保障する。

地域社会の中の図書館であることから，次に問題になるのは，地域の個々の図書館としては，資料，情報をすべて収集できるわけでなく，厳選して収集することになること，また，地域社会ではさまざまな人間の関係等が錯綜しており，その中には，経済的な格差や，差別やいじめ，排除などがある。これらは資料や情報の内部にも反映され，ときに差別の扇動や，偽情報の流布，プライバシーの侵害，諸権利の侵害となってあらわれる。これらは，図書館として，一つ一つ丁寧に関係者の意見に耳を傾けながら，対処することになる[5)]。

以上，地域に住むひとりの人間の要求を出発点として，図書館のコレクションづくりについて考えてきた。これは公立図書館に限定された一館種に関するものだが，ここで示した視点は，公共図書館や他の館種の図書館のコレクションづくりを考えるときに，一つのヒントを与えるものになるかもしれないし，なることを期待したい。

【注・参考文献】

1）「住民自治」については，広い意味内容を持たせる考え方と，憲法の規定に基づき，やや狭い意味内容を持たせる考え方とがある。広い意味内容での解説をしている例として，違い辞典-運営チーム，“違い辞典”，（https://chigai.jp/group-autonomy-and-residents-autonomy-difference/, 参照 2024-03-31）で，項目「団体自治と住民自治の違いとは？違いを解説」で，「住民自治とは地域の住民が自らの利益や公共の問題について主体的に関与し，地域を良くするために活動することを指します。」と説明している。これに対して，狭い意味内容を示しているのは，株式会社PoliPoli，“政治ドットコム”，（https://say-g.com/resident-autonomy-group-autonomy-1510，参照 2024-03-31）は，項目「住民自治と団体自治の違いとは？憲法と地方自治との関係について」では，「『住民自治』とは，名前の通り，住民が地域の政治・政策決定に参加するという意味を持っています。」と説明している。

2）長倉美恵子，永田治樹，日本図書館協会国際交流事業委員会訳「IFLA-UNESCO 公共図書館宣言 2022」https://www.jla.or.jp/library/gudeline/tabid/1018/Default.aspx,（参照 2024-03-20）.

3）永田治樹氏は，図書館の役割について「記録された資料を基盤としてコミュニティを育むという図書館の本来的な役割」と述べている。また，コミュニティアセットについて論じる意味について，「地域資料だけに限らず，広くコミュニティに価値をもたらすものすべてを視野に入れたいと考えたからである。」とも述べ，さらに，「コミュニティを構成する人々がまずアセットであり，またそこに存在する自然・人工環境や，営まれている社会・経済・文化活動などもそうだ。むろん地域の図書館や博物館，あるいは学校などの各種の社会機関は，従来からその象徴である。さまざまなアセットを図書館がとりこみ，あるいはつながり，コミュニティをよりよいものにするための多くの議論が必要である。」（永田治樹「はじめに」未来の図書館研究所編『図書館とコミュニティアセット』2023, p.2）と指摘している。

4）レファレンスブックの刊行数は，日外アソシエーツ刊『参考図書解説目録』による。これは，1994年『年刊参考図書解説目録1990-1991』として出版され，以後，年刊で，2008年出版の『参考図書解説目録2003-2007』を経て，2011年出版の『参考図書解説目録2008-2010』から，以後出版されていて，その中に3年間に出版されたレファレンスブックがリストアップされている。2022年に出版されたものでは，2017～2019年に刊行された9,600点が収録されている。2005年からのレファレンスブックの刊行状況を見ると，以下の表のようになる。

表　レファレンスブックの刊行状況

年	レファレンスブック刊行数（点）	新刊書籍（点）	レファレンスブックの占める割合（%）
2005	3,014	78,304	3.8
2010	2,929	77,773	3.8
2016	2,982	75,039	4.0
2019	3,185	71,903	4.4
2021	3,200	69,052	4.6

注；レファレンスブック刊行数は，『参考図書解説目録』収録期間が 3 年の場合，収録数を 3 で割った数（1 年平均，ただし 2005 の数値は，「2003-2007」の収録数を 5 で割った数），新刊書籍刊行数は，「日本の統計」の統計表「新刊書籍点数と平均価格」による。

5）これらについての詳しい検討は松井茂記『図書館と表現の自由』（岩波書店，2013）がある。なお，図書館の自由に関する事例の直近の研究成果としては，馬場俊明『「読書の自由」を奪うのは誰か：「自由宣言」と蔵書選択』（青弓社，2023）がある。前者が，法律の専門家による詳しい考察とすると，後者は，図書館員の立場からの論考といえる。松井茂記氏は，図書館界の意見も丁寧に徴しているが，意見を述べている元日本図書館協会図書館の自由委員会委員長山家篤夫氏は，2021 年 4 月に享年 73 歳で逝去されている。私と東京都立中央図書館に同時期に勤め始め，図書館の自由などに関して瀬島健二郎氏（文化学園大学教授）らと勉強会を開いて勉強し合った仲だった。誠実で，長く図書館界に貢献した。その一端は，「JLA メールマガジン」第 1039 号（2021/4/21 発信，編集発行：公益社団法人 日本図書館協会（https://www.jla.or.jp/tabid/262/Default.aspx?itemid=5783，参照 2024-04-18））に記されている。

広域連携による電子図書館

—きくち圏域・たまな圏域・ありあけ圏域の事例から—

磯部　ゆき江

未来の図書館 研究所

1. はじめに

知識社会では，生涯にわたって誰もが学習機会や読書環境を享受できる必要がある。公共図書館はそのために情報を収集・提供し，人々の学習や読書を支援する役割を担っている。現在日本では，区市などの都市部ではほぼ100%図書館が設置されている。しかし町村の図書館設置率は約59%で，382の町村には図書館がない[1)]。町村図書館振興をめざして『図書館による町村ルネサンスLプラン21』が日本図書館協会から発表されたのが2001年だった。ちょうど「平成の大合併」の時期と重なったので，町村の図書館設置率は1999年の35.8%から，合併が終了した2010年には53.2%に上昇している。母数となる町村数が三分の一近くまで減少したことが大きい。その後，20年近く町村の図書館設置率は50%台にとどまっている。

では図書館設置率のこのような状況に対して，電子図書館のほうはどうなのか。コロナ禍を契機に日本の公共図書館でも導入が進み，550自治体（2024年4月1日時点）でサービスを実施している。政令指定都市は90%，特別区（東京23区）は82.6%，市の導入率は43.5%である。町村の導入は16.6%なので，やはり格差は生じている。しかし，ここで注目したいのは図書館未設置自治体でも電子図書館が利用されていて，導入率が11.7%となっていることだ[2)]。その多くが広域電子図書館という枠組みで導入された。もちろん電子図書館がリアルな図書館にとって代わることはできない。だが，自治体単位にとらわれず，連携することによってサービスの導入が可能になるなら，新たな図書館サービスの範囲が広がったことになる。

そのことに気づいたのは，筆者が長野県の全自治体が参加する協働電子図書館「デジとしょ信州」の活動を調査しているときだった[3)]。長野県では21の図書館未設置町村（当時）を含め県内77自治体のすべてが参加する電子図書館を実現した。国や地方自治体の行政DX化の動きや県のサポートを得たことが大きかったし，長野県はもともと基礎自治体同士の広域連携が存在し図書館事業においても多く行われていることが後押しした。

公立図書館の事業は国の政策や制度，方向性に沿って行われることが多い。そこで本稿では，国が進める広域行政の施策である定住自立圏構想に着目し，そのなかで（あるいはそれに関連して）広域電子図書館を実施している事例を取り上げる。最初に国の定住自立圏構想と図書館事業について述べて，熊本県の「きくち圏域電子図書館」と「たまな圏域電子図書館」，それに福岡県と熊本県にまたがる「ありあけ圏域電子図書館」の三圏域電子図書館の調査結果を報告することとしたい。

2. 定住自立圏構想と図書館事業

国は広域行政の必要性について，改めて次のように述べている[4)]。

「①住民の活動範囲は行政区域を越えて飛躍的に広域化しており，広域的な交通体系の整備，公共施設の一体的な整備や相互利用，行政区域を越えた土地の利用など広域的なまちづくりや施策に対するニーズが高まってきている。②今日，市町村は少子高齢化や環境問題，情報化の進展といった多様化・高度化するとともに広域化する行政課題への的確な対応に迫られている。③個々の基礎自治体は規模，地理的条件等の事情が異なるため，事務事業によっては，広域的な連携の仕組みを積極的に活用し，複数の地方自治体が協力して実施することで，より効率的で，かつ質的にも向上した事務処理が可能となる。」

この広域行政の必要性に沿って，総務省は，2008 年に従来の広域行政圏に係る要綱を廃止し，「定住自立圏構想推進要綱」を通知した。「これは，昭和の大合併後の広域圏構想として 40

年近く続いた広域行政圏からの大転換であり，ポスト平成の大合併時代の新しい広域圏構想として提示されたもの」[5)] であった。それまでの広域行政圏の設定は全国画一的に都道府県知事が行うとされてきたのに対して，定住自立圏構想では，圏域の形成は市町村，特に中心市のイニシアティブに任せられており，その取組みは次のような段取りで進められる。まず，一定の要件を満たす中心市が「中心市宣言」を行い，中心市は周辺の市町村との間で1対1の「定住自立圏形成協定」を締結し，他の市町村との協議のうえ「定住自立圏共生ビジョン」を策定する，ビジョンに基づき，中心市と周辺市町村が役割分担し具体的な取組みを展開するのである。2023（令和5）年11月1日現在，全国で 140 市が中心市宣言を行い，130 圏域が設置されている。

定住自立圏の形態には，広域的な合併を行った合併市（合併1市型），県境の市町村間で形成されたもの（県境型），ある市町村が複数の圏域を形成するもの（圏域重複型）などがあり，人々の生活圏に基づいて設定されている。「定住自立圏共生ビジョン」に基づく取組みには「地方財政措置」[6)] が講じられ，対象経費の8割が特別交付税で措置される。上限はあるが，当初より次第に拡充され，現在，中心市は8500万円程度，近隣市町村は1800万円とされている。

国は，2014（平成26）年から定住自立圏構想とともに，政令指定都市や中核市など規模の大きな都市圏を対象とする「連携中枢都市圏構想」も推進している。2023（令和5）年4月1日現在，40市が連携中枢都市宣言を行い，38連携中枢都市圏域が設置されている。今回の調査に関連する熊本市は2015(平成27) 年に連携中枢都市宣言を行っている。

本稿で取り上げる定住自立圏に関わる広域電子図書館の構成を表に示す。

表　定住自立圏と広域電子図書館の構成

	菊池市定住自立圏 (合併1市圏域型)	**玉名圏域 定住自立圏**	**有明圏域 定住自立圏** (県境型)
定住 自立圏	2014年菊池市中心市宣言 構成：菊池市	2015年玉名市中心市宣言 構成：玉名市, 玉東町, 南関町, 和水町 ※南関町は有明圏域と重複	2009年大牟田市中心市宣言 構成：大牟田市, 柳川市, みやま市(福岡県), 荒尾市, 南関町, 長洲町(熊本県)
広域 電子 図書館	**きくち圏域電子図書館** 2018年12月開始 構成：開始は菊池市のみ, その後大津町(2020年度), 菊陽町(2023年度), 合志市(2024年度予定)	**たまな圏域電子図書館** 2021年7月開始 構成：玉名市, 南関町, 玉東町, 和水町	**ありあけ圏域電子図書館** 2022年5月開始 構成：大牟田市, 柳川市, みやま市, 長洲町

表には三つの圏域の定住自立圏を構成する自治体と広域電子図書館を共同運営する自治体を挙げた。「きくち圏域電子図書館」は菊池市定住自立圏（合併１市型),「たまな圏域電子図書館」は玉名圏域定住自立圏,「ありあけ圏域電子図書館」は有明圏域定住自立圏（県境型）に対応する。ちなみにきくち圏域は合併１市型の定住自立圏なので, 他市町と定住自立圏構想はない。熊本県の南関町は玉名圏域定住自立圏と有明圏域自立定住圏の両方に属しているので圏域重複型となるが, 電子図書館ではたまな圏域に参加している。なお, 熊本市を連携中枢都市とする連携中枢都市圏には, 玉名市, 菊池市などが熊本市と連携協定を締結している。

3. 調査結果

各圏域の電子図書館についてそれぞれ, 2024 年 2 月 29 日と３月１日に, 菊池市教育委員会菊池市立図書館, 玉名市教育委員会コミュニティ推進課, 大牟田市市民協働部生涯学習課および大牟田市立図書館を訪問し, インタビュー調査を行った。その調査結果の概要を紹介する。インタビュー調査では, 当方があらかじめ送付した質問に対する回答資料等の準備をお願いした。資料に沿って, 最初に電子図書館導入の経緯を連携の視点（定住自立圏との関係）を中心に説明を受け, 次に役割分担や電子図書館の権限など運用体制, サービスの提供・利用状況，最後に現状の課題や今後の展望などを伺った。

3.1　きくち圏域電子図書館

（1）広域電子図書館サービス導入の経緯

2017（平成 29）年菊池市中央図書館の建設に伴い電子図書館の導入を検討した。導入に際して全国の事例を収集して検討を重ねた。当時唯一広域電子図書館を開始していた播磨科学公園都市圏域定住自立圏電子図書館の事例も参考にした。菊池市と他自治体との定住自立圏構想はないが，「きくち圏域電子図書館」として，最初から広域連携を考えていた。菊池郡市の市町の公立図書館で一緒に電子図書館を構成して活用できないか，各自治体に検討を依頼した。得られた情報を検討のため共有し，初期導入費用は先行する菊池市が負担するので不要なこと，共同事業にすればランニングコストが下げられること，電子書籍は菊池市である程度そろえることなど他の自治体へ説明をしたが，紙の予算が減る懸念や，利用の仕方がイメージできない，電子書籍の充実度が低い，時期尚早などの意見が寄せられた。

菊池市は，将来的に広域での活用を想定し，単独で電子図書館を導入した。コロナ感染症の拡大に伴い，2020（令和 2）年度に大津町が参加し，その後 2023（令和 5）年度に菊陽町が参加した。また，2024（令和 6）年度より合志市が参加を表明しているので，来年度（2024 年度）には菊池郡市 2 市 2 町すべてが参加する電子図書館となる。近隣ではないが，その他に参加に関心を示す自治体もある。

菊池市は熊本市と連携中枢都市圏の連携協定を結んで図書館の相互利用を行っているが，電子図書館の連携については，熊本市は難しいとのことだった。

広域のメリット

広域活用のメリットはシステムのクラウド使用料及び書籍購入経費の負担低減が可能であることである。電子図書館は延滞への対応が不要なこともメリットかもしれない。デメリットはそれほど感じていないが，予約人数が増えると，待つ時間が長くなることくらいである。

電子書籍サービス事業者選定と契約

菊池市の指名審査会で調査内容，将来的な広域化の可能性などを説明し選定，また，当初の契約に広域での活用にも対応することを記載した。広域になってからは，菊池市が代表して契約し，他自治体から負担金を徴収して菊池市が支払いを行っている。

運用体制（役割分担，権限）

電子書籍は各自治体が購入する。その選書はそれぞれの自治体独自で行っている。電子図書館管理の権限は参加自治体どこも同一にしている。電子図書館ホームページ（HP）の編集，独自資料の登載は菊池市だけでなく他市町もできる。

費用負担，補助金

初期費用は菊池市の負担，ランニングコスト（クラウド使用料）は参加自治体の均等割，電子書籍購入費は参加自治体がそれぞれの予算で購入（金額は決めていない。それぞれの自治体の予算の許容範囲)。

菊池市では新型コロナウイルス感染症対応地方創生臨時交付金を活用し 1000 万円分の電子書籍を購入，デジタル田園都市国家構想交付金から 350 万円分のオーディオブックを購入している。

(2) 電子図書館サービス提供の状況

電子書籍の提供点数

電子書籍数(合計) 10,818 点。うち有期限 711 点，買切 2,018 点，青空文庫等 8,048 点，独自資料 41 点

(3) 電子図書館サービスの利用

貸出ルール

貸出 3 点 2 週間 (15 日間)　貸出延長 1 回　予約 3 点

導入時のトラブル

導入時はネットで貸出サービスを使う人が少なく，タブレットがそれほど普及していなかったので，利用をしてもらうための広報に苦労した。学校の利用がまったくないので調べたら，フィルタリングで図書館の HP が見られないようになっていたこともあった。

(4) 課題

出版社との関係もあるだろうが，ベンダーの電子書籍コンテンツは充実しているとは思えない。海外並みの活用につなげていくには関係者がビジョンを共有して，法律・政治家も巻き込

んだ推進が必要と考える。

読書バリアフリー（障害者や在住外国人に対する）の推進に関しては，オーディオブックの導入は効果があると思う。菊池市では，図書館が毎週在住外国人のための日本語教室を実施しながらコミュニティづくりにも取り組んでいる。

図書館員に対する電子書籍の活用に向けた研修も不可欠と考える。

（5）今後の展開

自治体には，その大小にかかわらず教育の格差を把握し，都会でも田舎でも同じ教育サービスを提供していく使命がある。また，DX の社会的な進展により自治体の将来は左右されることになろう。そこでは，広域的な戦略と視野も必要であり，自治体同士の協働により可能となることが多くあげられる。できれば，県下自治体のすべてが利用可能となるので，長野県が取り組んでいるように，電子図書館の導入・運営は県単位で行ってほしいと思う。

菊池市中央図書館は菊池渓谷をイメージした空間デザイン[7)]が評判を呼び，施設見学も多く，観光スポットにもなっている。また，世界一の図書館になるという目標を掲げて，新しい運営やサービスに取り組んでおり，住民の満足度も高い。徹底的に市民側に立ったサービスで市民の評価を高め，役所のなかの図書館行政の優先順位を上げて，他自治体より大きな額の図書館予算の確保につなげようとしている。

現在，デジタル田園都市国家構想交付金を得て，学校も含めた図書館の DX 化事業を進めている。学校で市立図書館の貸出・返却・予約ができ，搬送も行う。利用の少ない学校に試験的に導入したところ，貸出が 1.5 倍，多いところは 2 倍近くに増えた。図書館に来る子どもの数が増えたことも成果だった。また，2024 年 4 月から市のすべての学校司書も図書館で採用することになった。

3.2　たまな圏域電子図書館

(1) 広域電子図書館サービス導入の経緯

玉名圏域定住自立圏事業の一つとして生涯学習分科会がある（玉名市教育委員会コミュニティ推進課が担当）。電子図書館導入についての最初の打ち合わせは 2020（令和 2）年，図書館の休館で貸出などができないときだった。新型コロナウイルス感染症対応地方創生臨時交付金を使って電子図書館をやろうと圏域のなかで相談した。小・中学校に導入されたタブレット活用と連携した形で利用促進ができないかという提案もあり，導入する方向に進んでいった。どの自治体も前向きで批判的な意見はなかった。

特別交付税財政措置は，玉名市は 7500 万円前後，近隣自治体は 1500 万円で，定住自立圏になって措置率が増えた。電子図書館事業も定住自立圏事業として実施されており，その分が増額されている。

広域のメリット

広域導入により，システムのクラウド使用料が単独立ち上げと比較して半額となった。玉名市，南関町以外の町は公民館図書室であり，単独での電子図書館導入は難しく，同じようなサービスができる環境づくりという点でこの事業の意義は大きい。定住自立圏事業でも連携中枢都市圏事業（熊本市と締結）でも，図書の相互利用には経費はかからない。他自治体の住民が直接借りるので送料もかからず，貸出数も増える。住民にとってのメリットもある。デメリットは圏域内の調整に手間を要するので決定に時間がかかることくらいだろう。

電子書籍サービス事業者選定と契約

プロポーザル方式で公募を行い，玉名市が選定を行った。玉名市と業者との契約になっている。

運用体制（役割分担，権限）

各自治体における電子図書館の利用者登録，広報等は各自治体で行う。選書，HP 管理，更新，利用者支援等は中心市（玉名市）が行う。管理者権限は複数あり，各町へは登録削除更新用の管理 ID のみ伝えてある。他の統計，独自資料の登載は玉名市のみ可能。

費用負担，補助金

システム導入費，クラウド利用料，電子書籍購入費は各市町が人口割で負担する。費用負担額は定住自立圏事業の生涯学習分科会で 3 年をめどに協議して決めていくことになっている。

電子図書館事業の経費は，令和 3 年度事業費（令和 2 年度繰越事業）のシステム導入費 77 万円と電子書籍料 1496 万円は，国の新型コロナウイルス感染症対応地方創生臨時交付金と県の新型コロナウイルス感染症対応総合交付金ですべて充当できた。令和 3 年度事業費として計上した，クラウド利用料 99 万円（9 か月分）と電子書籍料 374 万円は，コロナ交付金と各町の負担金を充てた。

(2) 電子図書館サービス提供の状況

電子書籍の提供点数（2024（令和 6）年 2 月 28 日時点）

電子書籍（合計）4,537 点（うち有期限 1,240 点，買切 3,285 点，青空文庫等 0 点，独自資料 12 点）　読み放題パック 3 パック，130 点

分野別件数

児童書は 1,583 タイトル，それ以外は一般書（児童書は 32.8%，一般書は 67.2%）。

玉名市は児童には希望者のみに利用者 ID を配布している。令和 3 年度は全小中学校に希望者の登録を依頼して希望者全員に配布した（1500 名程度）。令和 4 年度から新 1 年生に対して新規の募集を行っている（500 名程度配布）。なお，転入転出は各学校から報告をしてもらい，その都度対応している。

(3) 電子図書館サービスの利用

貸出ルール

貸出冊数 3 点まで，貸出期間 15 日間，予約冊数 3 点まで，取置期間 7 日間

登録者数

玉名市（一般 26,082　児童 5,018），玉東町（一般 1,210　児童 478），南関町（一般 6,445　児童 428），和水町一般（712

児童 0)，合計（一般 34,449　児童 5,924）※一般の登録者は電子図書館以前のものも含む。児童は電子図書館に特化して登録利用カード作成。

貸出数（2023（令和 5）年度：2023 年 4 月 1 日〜2024 年 2 月 1 日時点）

玉名市（一般 1,947　児童 5,957)，玉東町（一般 53　児童 2,632)，南関町（一般 362　児童 1,848)，和水町（一般 163　児童 0)

利用統計

年代別利用率は，6 歳〜12 歳が 76.3%，次いで 13 歳〜15 歳が 8.3%，30 歳〜39 歳が 4.7%，60 歳〜69 歳が 3.5%で，小学生の利用の割合が圧倒的に多い。分野別の貸出統計では児童書の貸出が 68.1%を占める。

（4）課題

一般の方にどれほど浸透していけるかが今後の課題である。市の広報誌で電子書籍の紹介をし，また図書館に利用のためのチラシを置いている。オープンの令和 3 年度には地元のローカルテレビ局を使った宣伝もしていた。毎年はしていない。広報活動は難しいと感じている。より効果的な広報の手立てを考えたい。

有期限の電子書籍は 2 年間もしくは 52 回の貸出が過ぎたらライセンスが切れ，令和 4 年度に 5374 タイトルあったものが令和 5 年度には 4659 タイトルに減って，貸出数の減少になっている。有期限型の電子書籍は人気があり，買いなおす必要がある。当初3年間は負担金の金額は変えないということだったので，令和5年度分まで負担額は同額で推移した。しかし，減少した分の回復に時間がかかるので，令和6年度のみ負担金の増額をすることを，令和5年の分科会で協議し決定している。

(5) 今後の展開

読み放題パックは活用されているので，各学校にどの読み放題パックがいいかアンケートをとって要望の多かった三つを導入した。利用者IDは中学校卒業と同時に使用不可になるため，その際に一般のカードへの切り替えを呼びかけている。今後も学校と連携して選書していくとともに，卒業した生徒たちを中心に，現状利用が少ない年代の電子図書館の利用が広がればと思っている。

3.3 ありあけ圏域電子図書館

(1) 広域電子図書館サービス導入の経緯

大牟田市はかつての三池炭鉱のまちである。熊本県の荒尾市や南関町とも同じ生活圏で交流人口は多い。そこで県域を越えた定住自立圏が形成された。図書館の相互利用は，福岡県側3市（大牟田市・柳川市・みやま市）は2012（平成24）年から，熊本県側2市2町（大牟田市・荒尾市・南関町・長洲町）は2014（平成26）年から実績を重ねてきた。

コロナ禍で図書館が休館せざるを得なくなる状況が生まれ，在宅でできることを検討していたときに，オンライン活用や電子図書という話が出た。新型コロナウイルス感染症対応地方創生臨時交付金を利用した電子図書館の取組みを大牟田市から圏域の自治体に呼びかけた。福岡県側の柳川市とみやま市には，大牟田市長自ら各自治体の首長に働きかけ，参加を要請した。大牟田市が中心となって，補正予算を組んで準備を始めた。熊本県側の荒尾市は電子図書館を独自で進めており，南関町はすでに玉名圏域の電子図書館に参加していた。長洲町は参加したいということだった。

大牟田市は教育委員会のなかにあった社会教育部門の事業を市長部局の市民協働部が補助執行で担当している。

導入の背景には子どもたちのタブレットの活用もあった。大牟田市では導入時に市内の児童生徒（小学生・中学生が対象）すべてに電子図書館の利用者 ID を発行（大牟田市立図書館が管理），タブレットには電子図書館のショートカットを作成して活用できるようにした。

広域のメリット

広域の自治体で向こう数年間は負担金額の申し合わせをしているので，数年間は予算が確保できている形になっている。単独の市の事業だと毎年の財政の査定で削られるおそれもあるが，数年の予算の見通しがあるので安心できる。

運用体制（役割分担，権限）

ありあけ圏域電子図書館は事務局を大牟田市市民協働部が務めている。また，有明圏域電子図書館運営連絡会（大牟田市・大牟田市立図書館指定管理者・柳川市・みやま市・長洲町）を年１回程度開催しており，運営状況（課題・利用者の意見等）・

運営負担金等について協議を行っている。

ありあけ圏域電子図書館の利用案内は大牟田市市民協働部生涯学習課で作成したものを各自治体にも情報共有しており，広報活動は各自治体で行っている。

電子書籍の登録・更新などの権限は大牟田市だけだが，利用者 ID の登録・更新・削除の権限は各市町にある。選書は，大牟田市が作成した原案を他市町に示して，意見があれば反映し，電子書籍の購入は大牟田市が行う。独自資料に関しては，大牟田市だけではなく他市町も登載することはできるが，選書同様，大牟田市が行う。

費用負担，補助金

2021（令和 3）年度に新型コロナウイルス感染症対応地方創生臨時交付金で大牟田市が一括して電子図書館を構築し，2022（令和 4）年 5 月に開始した。ランニングコスト（クラウド使用料）は均等割（4 等分）。電子書籍の購入費は人口割。それぞれの自治体からの負担金を大牟田市の歳入に入れている。

（2）電子図書館サービス提供の状況（取材時）

電子書籍の提供点数は 9,328 点，うち有期限 2,711 点，買切 6,094 点，そのほか青空文庫や独自資料がある。読み放題パックは 2 パック，95 冊。

有期限のものは 1,500 点程度減るが，買い足すもののリストを作って予算を計上している。最初のコロナ交付金が大きかったので，その分をすべて補充できる額ではないが，それでも 8,000 点弱は維持していける見通しでいる。

(3) 電子図書館サービスの利用

貸出ルール

貸出点数 3 点まで，貸出期間 15 日間，予約点数 3 点まで，取置期間 7 日間

登録者数

総数 79,486 件（管理 ID を含む）。内訳は大牟田市 22,501，柳川市 19,045，みやま市 10,830，長洲町 13,163。学校の登録者数は，大牟田市学校 11,620，みやま市学校 933，長洲町学校 1,292。※小中学校への利用者 ID 配布は大牟田市が実施し，みやま市と長洲町も行うようになった。

貸出数（2023（令和 5 年）度）

大牟田市一般 4,730, 柳川市一般 1,468, みやま市一般 1,250, 長洲町一般 430

大牟田市学校 19,175，みやま市学校 21，長洲町学校 834

※小中学生の利用が一般よりも多い。

(4) 課題

利用が増えてこそ電子図書館も維持できるのであり，利用拡大が最大の課題である。現実には学校利用が多くの割合を占めてはいるが，まだすべての学校が十分に使っている状況にあるわけではない。各学校に出かけて使い方の講習を行うと，子どもたちはすぐに電子図書館を使えるようになり，楽しんでくれる。

高齢者のなかにはスマホやタブレットに抵抗がある方もいる。開始 1 周年の昨年（2023 年）5 月に，来館者にそれぞれの

スマホを出してもらって，その場で一緒に電子図書館を使ってみるというイベントを行ったが，自分にはわかりづらいと言う人も少なからずいた。

(5) 今後の展開

児童向けでも大人向けでも多くは一度使ってみるとよさもわかる。魅力的なコンテンツは有期限が多いので，次年度は提供件数を維持するよりも，期間限定型を多くそろえ，まず読んでもらうことも検討している。

学校ではタブレットが１人１台配布されてはいるが，普段はどこかにしまっていて使う時だけ出して使うといったところもあり，家に持ち帰って使うということはほとんどやってない。自由にアクセスできるような環境にあればもっと利用も伸びる。今は解決しているが，タブレットのセキュリティが厳しくて学校で電子図書館に入れない自治体があった。授業に役立てるような使い方を先生に理解してもらうフェーズに入ってきている。

4. 三つの圏域電子図書館にみる広域連携のメリットと可能性

三つの圏域には共通するところや独自の対応が見られる。インタビューの内容をまとめ，これらの広域連携による電子図書館の特徴を以下に挙げてみよう。

① 連携の進め方

定住自立圏のプロジェクトでは中心市のリーダーシップに負うところが大きかった。定住自立圏の運営体制がすでにできているので，電子図書館事業という新たなことを円滑に提案し進めることができる。事業の進め方は一様ではなく，玉名圏域（圏域人口８万7658人）の中心市・玉名市と県をまたぐ有明圏域（圏域人口28万6800人）[8)]の中心市・大牟田市では，進め方は少し違っている。例えば導入経緯をみると，規模的にも地域的にまとまりやすいと思われるたまな圏域は，分科会の打ち合わせでどの自治体も前向きだった。それに対して，ありあけ圏域では一定の手順や市長の働きかけが行われた。

いち早く電子図書館の検討をはじめた菊池市は，近隣との定住自立圏構想はなかったが，連携を見据えて検討を始めていた。近隣市は時期尚早との意見だったため菊池市１市で開始したが，連携事業の経験のある図書館長が他自治体との交渉も行い，他自治体は次々に参加を表明するようになった。

② 費用負担の軽減

三つの広域電子図書館とも連携の大きなメリットとして挙げているのは経費負担の軽減である。まず初期導入費用は菊池市，玉名市，大牟田市が負担し，いずれも「新型コロナウイルス感染症対応地方創生臨時交付金」を活用した。システム導入費と導入時の電子書籍購入費はほぼこの交付金で賄うことができた。稼働してからのクラウド使用料や電子書籍購入費はそれぞれの圏域で異なる。クラウド使用料は，きくち圏域とありあけ圏域の均等割に対して，たまな圏域は人口割である。電子書籍購入費は，きくち圏域は参加自治体がそれぞれの予算を確保しその分の購入費を負担する。たまな圏域とありあけ圏域は人口割である。

なお，定住自立圏事業には地方財政措置を受けることができ，圏域事業では数年先までの事業計画を参加自治体が決定しているので，単独事業の単年度会計予算より数年の予算確保がされている安心感もあるという。

③ 役割分担の調整

電子書籍事業者との契約は菊池市，玉名市，大牟田市が行っており，電子書籍の購入や支払いの事務もそれらの市が担当し，各参加自治体から負担金を徴収して事業者に支払う。電子図書館の利用者登録を各参加自治体が行うことは共通している。そのほかの役割や権限はそれぞれの参加自治体の事情や要望に対応して分担したり，集中したりしている。きくち圏域の選書は各参加自治体が独自で行っており（電子書籍を各自治体が購入する），電子図書館の権限はどの参加自治体も同一にしている。それに対してたまな圏域は，選書，サイト管理，更新，利用者支援等は中心市の玉名市が行い，複数ある管理者権限のうち各町は登録削除更新のみ可能で，玉名市の役割が大きい。ありあけ圏域は，選書の原案は大牟田市が作成，サイト管理（利用者の登録・更新・削除）の権限は各市町にもある。

こうした役割分担の違いは，各広域電子図書館を構成する自治体間のあり方を反映しているとみられ，複数の基礎自治体同士で形成される電子図書館の運用にはそれぞれの状況に対応した体制がとられている。

④ 連携によるサービスの普及・向上

図書館等の教育分野の協力事業は，定住自立圏ビジョンや連携中枢都市圏ビジョンにおいては取り上げられやすい事業である。電子図書館は国や地方公共団体が進めるDX化や子ども読書活動推進の動きの一環としても位置づけることが可能で，その側面からの普及も期待できる。

広域連携では一つの試みが中心市などで成功すると優良事例となって他の市町に波及しやすい。小中学生に希望を呼びかけ利用者IDを配布した玉名市では，年代別利用率の割合は小学生が圧倒的に高くなり，児童への貸出も拡大した。たまな圏域の他町も玉名市と同様の傾向になった。ありあけ圏域でもまず，大牟田市が市内全小中学校に利用者IDを配布し，続いて，長洲町，みやま市が学校への利用者ID配布を実施するようになった。菊池市は，図書館（学校含む）のDX化とともに2024年度から公立図書館と学校司書の採用を図書館が行うなど連携を強化している。この動きが近隣の自治体に影響を及ぼす可能性はあるだろう。

⑤ 今後の展開に向けた連携

電子図書館をいかに浸透させていくか，利用を拡大していくかが共通の課題である。一般利用者への利用拡大とそのための広報が問題で，各圏域とも広報誌やチラシの配布だけではなかなか利用が伸びず，苦労しているという。公共図書館の電子図書館と学校連携が進んだ背景には文部科学省による「事務連絡」の発出[9)]があり，また提供側の読み放題パックといったコンテンツの開発がそれに合致したと思われる。児童生徒以外の大人の電子図書館の利用拡大にも，そのような推進策や提供側などの理解が望まれる。菊池市が指摘するように海外並みの活用につなげるためには，国や関係機関の制度的・財政的な支援も必要になる。上述の広域電子図書館には複数の自治体が参加しているが，現状の規模では他の単独自治体の電子図書館と同様，全国的にみれば点にすぎない。しかし電子サービスの場合は，遠隔連携も可能だし，広域連携同士がさらに連携協力することもできる，新たにコンソーシアムのような，より規模の大きなものができれば，いわば面としての普及になる。そのような連携の広がりが次の制度的な課題解決につながる可能性があることを期待したい。

以上のとおり，広域連携による電子図書館はメリットが多いといえる。デメリットは，強いて挙げれば利用者数が増えることで予約待ちが多くなる程度である。また圏域事業では，圏域内の調整に時間を要するので，決定までに時間がかかることがある。

5. おわりに

社会の多様化・複雑化に対応し図書館サービスが要請される領域は広がっており，予算や人的資源が抑制傾向にあるなかでは現状維持ですら困難になっている。そのなかで新しいサービスを導入するには，自治体の枠にとらわれないで，規模を拡大することは有効な手法である。

本稿では，基礎自治体間の横の連携の事例を取り上げたが，広域自治体である都道府県と基礎自治体との連携もある。電子出版制作・流通協議会が挙げている広域電子図書館のなかでは，「デジとしょ信州」，「ミライ on 図書館」，「沖縄県　図書館未設置離島用電子書籍サービス」が該当する[10)]。図書館未設置の町村を含め，当該都道府県内の図書館サービスの全体的な進展を図る観点に立つことは都道府県立図書館の役割である。森山（2023）は，都道府県域資料搬送の対象資料の違いによる運営実績を分析し，公共図書館ネットワークにおいて，システム統合やそれに連動する資料搬送網といった連携機能については，都道府県単位で一括することは効果的であると述べている[11)]。電子図書館の連携機能はどのような単位や範囲が効率的で妥当なのだろうか。電子図書館では搬送を必要としないが電子図書館間のいわゆる相互貸借は許諾されない。印刷資料と電子資料の著作権や流通の違いなど，さまざまな要因をとらえ検討してみる必要もあろう。

今回，三つの広域電子図書館に併せて福岡県立図書館を訪問し 2023 年度に実施した電子書籍利活用調査などについて話を聴くことができた。同館では調査を踏まえ，2024 年 4 月から，電子図書館 1 号館として専門書や参考図書，2 号館としてオーディオブックや子ども・中高生向けの電子書籍を提供している。電子図書館における都道府県立図書館と市町村立図書館の役割分担や協力・連携，補完・支援については別の機会に取り上げることとしたい。

謝辞

インタビューに快く応じてくださった菊池市立図書館長の安永秀樹氏，玉名市教育委員会コミュニティ推進課の荒木俊雄氏，大牟田市市民協働部生涯学習課の徳川昭彦氏，田中龍太郎氏，田中亜依氏，大牟田市立図書館長の山田元樹氏，満岡美千代氏に感謝申し上げます。

【注・参考文献】

1）日本図書館協会「公共図書館集計（2023 年）」https://www.jla.or.jp/Portals/0/data/iinkai/chosa/2023pub_shukei.pdf,（参照 2024-04-08）.

2）電子出版制作・流通協議会「公共図書館 電子図書館サービス（電子書籍サービス）導入図書館（2024 年 4 月 1 日）」https://aebs.or.jp/pdf/Electronic_Library_20240401.pdf,（参照 2024-04-25）.

3）「デジとしょ信州」については次の URL および拙報告参照。
県立長野図書館「デジとしょ信州（市町村と県による協働電子図書館）」https://www.knowledge.pref.nagano.lg.jp/collection/elibrary/shinshu-kyodo-library.html,（参照 2024-04-08）.
磯部ゆき江「3.1 「デジとしょ信州」：長野県民はだれでもいつでもどこからでも」植村八潮・野口武悟・長谷川智信編著『電子図書館・電子書籍サービス調査報告 2023』樹村房, 2024, p.78-90.

4）総務省「広域行政・市町村合併」https://www.soumu.go.jp/kouiki/kouiki.html,（参照 2024-04-08）.

5）横道清孝「第 1 章　広域連携の現状と今後の方向性」『広域連携の未来を探る：連携協約・連携中枢都市圏・定住自立圏』日本都市センター, 2016, p.11. https://www.toshi.or.jp/app-def/wp/wp-content/uploads/2016/06/report159.pdf,（参照 2024-04-08）.

6)　総務省は平成 22 年 4 月 30 日付（最終改正令和 3 年 10 月 5 日）で事務連絡「定住自立圏構想推進のための地方財政措置について」を各都道府県市町村担当課・各指定都市企画担当課に発出している。https://www.soumu.go.jp/main_content/000758779.pdf,（参照 2024-04-08）.

7)　安永秀樹「菊池市中央図書館の空間デザインの取り組み」『図書館雑誌』vol.117, no.3, 2023.3, p.146-148.

8)　圏域人口は総務省『定住自立圏 取組事例集　令和 5 年 10 月（令和 5 年 4 月 1 日時点)』による。https://www.soumu.go.jp/main_content/000802417.pdf,（参照 2024-04-08）.

9)　文部科学省は令和 4 年 8 月 2 日付で事務連絡「1 人 1 台端末環境下における学校図書館の積極的な活用及び公立図書館の電子書籍貸出サービスとの連携について」を都道府県・指定都市図書館・学校図書館担当課などに発出した。https://www.mext.go.jp/content/20220810-mxt_jogai01-000011648_1.pdf,（参照 2024-04-08）.

10)　前掲 2)

11)　森山光良「システム統合と域内資料搬送網によって形成される地方の公共図書館ネットワーク：定量分析と制度分析を通した考察」『日本図書館情報学会誌』vol.69, no.3, September 2023, p.127-145.

知識社会と公共図書館：

「IFLA-UNESCO 公共図書館宣言 2022」が投じた課題

永田　治樹

未来の図書館 研究所

1. はじめに

ユネスコは，公共図書館宣言（1949 年）において「公共図書館が，民衆教育と国際理解の発展，ひいては平和を促進するための活力」として機能するように，それを（1）法のもとで設置する，(2) 公的資金により運営し，(3) 図書館サービスは無料で提供するという基本的な枠組みを示した[1)]。この原則はおよそ四半世紀ごとの改訂を通じてこれまで堅持され，各国で公共図書館を位置づけることにおおむね成功しているといっていい。

また改訂のたびに，社会状況を鑑み必要な対応を組み込んだ。例えば，国際図書年に際して行われた 1972 年の改訂では，「蔵書とサービス」に焦点をあて，知識や文化を伝える図書の重要さを強調し，「本の飢餓」（Book famine）から脱却できるよう，途上国での，そして障害者へのサービス展開を訴えた。次いで1994 年版では，情報技術の急速な進展によるメディアの多様化，とりわけネットワークを介した広範囲で迅速な情報流通を背景に「公共図書館は，その利用者があらゆる種類の知識や情報をたやすく入手できるようにする，地域の情報センターである」と規定した[2)]。

最新 2022 年の改訂も，この部分を継承している。ただ，これに続けて公共図書館が「知識社会の不可欠な構成要素であって」との新たな視点から「ユニバーサル・アクセスを実現し，すべての人に情報の意味のある利用を可能にするという責任を果たすため，情報伝達の新しい手法を継続的に取り入れる。また，知識の生産と情報や文化の共有・交換に必要な，そして市民の関与を推進するための，公共スペースを提供する」[3)] との文言が追加された。

IFLA（国際図書館連盟）事務局が公表している文書[4)] に，2022 年改訂の主要な新規事項は「持続的開発」と「知識社会における図書館」とある。前者は「情報，リテラシー，教育，文化に関連する図書館の使命の重要な側面を，より公平で，人間的，かつ持続可能な社会の建設」つまり国連の SDGs（持続可能な開発目標）の指針に結びつけるものである。後者は，知識の生産と情報や文化の共有・交換に関わる図書館サービスについて述べ，情報や資料へのデジタルアクセスの強化や，地域が積極的に関わる環境整備とかデジタル資料に関連する図書館の法的能力確保など，具体的な指示に及ぶ。

本稿では，今後の公共図書館のあり方を考えるために，この「知識社会における図書館」について，まずは，「知識社会」という言葉がどのように用いられているかを確かめ，次いでこの宣言が投げかけたところを整理し，わが国の公共図書館に求められている課題を導出してみる。

2.「知識社会」という用語

知識とは一般に，人々の認識したこと，考えたこと，あるいは獲得した技能などをいう。古来人々は置かれた状態をより良くするために，知識を生成し，かつそれを社会的に育み，活用してきた。ならば，私たちたちはもともと知識社会を構成してきたのではあるまいか。この言葉を持ち出すのは，どのような意図なのだろうか。

知識社会を新造語として広めたのは，よく知られているようにピーター・F・ドラッカー（Peter Ferdinand Drucker）である。1969 年に彼が『断絶の時代』のなかで，「財やサービスではなく，創意と情報をつくり出し，流通させるのが“知識産業”であるが，この知識産業の生産額は，1955 年にはアメリカの国民総生産の四分の一を数えた。1900 年にアメリカが“知識部門”に支出した額に比べると，国内生産に対する役割はこれですでに3倍であった。しかし，その10年後の1965年には，知識部門はさらに拡大し，国内生産の三分の一になったはずである」[5)]と，アメリカは今や知識を基盤とする知識経済にあるとした。そしてその担い手である知識労働者の果たす役割や必要な教育改革などを論じ，知識が社会においてもっとも基盤的な要素と位置づけられる「知識社会」（knowledge society）に転換したとみたのである。

社会は，基本的に財やサービスを生産，消費して，人々の生活を構成しているものである。むろんそのプロセスは人により運営されていて，生産や消費の活動の実態と，それがどのように受けとめられるかという解釈を通じて，各社会は定義される。「資本主義」社会とか「工業」社会といった識別ラベルは，その定義における「社会の特定の性質や時代を構成する社会関係の属性」[6)]である。ドラッカーはこの識別ラベルには「知識」が適切だと考えたのであろう。

とはいえ，当時人々の注目を引いていたのは，ドラッカーも引用したF・マッハルプ（Fritz Machlup）が『米国における知識の生産と流通』（The production and Distribution of Knowledge in the United State. 邦訳『知識産業』[7)]）で論じたような，通信と情報技術を活用した目覚ましい経済発展や社会変化であり，いわゆる情報社会[8)]についてであった。知識社会についての議論は1990年半ば以降のロビン・マンセル（Robin Mansell）の分析やニコ・シュテール（Nico Stehr）らの考察[9)]までは学問的なテーマにはなっていなかった。

ただし，知識が社会のメカニズムを駆動するものとなっているとの主張がまったくなかったわけではない。一つには，1966年にロバート・E・レーン（Robert Edwards Lane）が発表した「知識社会における政治とイデオロギーの衰退」にみる，科学的探究に基づく知識の議論である。彼は「知識社会は，特定の思考方法，特定の認識論，あるいは，少なくとも知識に関する特定の知識を，相対的に重視することによって特徴づけられる」とし，他の社会以上に「(a) 人間，自然，社会についての信念の基礎を探究する，(b) 真実の客観的な基準によって導かれる，そして教育の上級レベルでは，調査における証拠と推論の科学的基礎に従う，(c) この調査にかなりの資源を投入し，大量の知識を蓄えている，(d) 目前の目的のために知識からさらに意味を抽出するための絶え間ない努力により，知識を収集，整理，解釈する，(e) これらの知識を活用して，価値観や目標を明らかにし，それらを前進させる」[10)] ことを行っていると指摘した。科学による知識が次代をつくるという，当時のいくぶん楽観的な主張である。

もう一つは，やはり上述の情報社会にまつわる議論である。インターネット，携帯電話，デジタル技術によって日々集積される膨大なデータ・情報が活用され，経済は飛躍的に成長した。例えば，情報とデジタル技術を組み合わせた工業は，自動化を進めて生産性を目覚ましく向上させ，多くの社会課題の解決につながった。発展途上国では最先端技術の採用により，産業発展段階をスキップすることができ，先進国では大多数の労働人口がサービス部門に移行した。このような進展において，社会における知識の位置づけの変化が注目された [11)]。情報通信技術の急速な革新がもたらした情報社会が知識社会への跳躍台になったことは否めないところである。

3. 知識社会とは

知識社会についての定義はさまざまである。おおかたは基本的な特徴として情報社会が打開した進展を取り込むだけではなく，今後のあるべき姿を描き，広範な社会的，倫理的・政治的側面を含めて語られる。例えば，ブリジット・ベッセルズ（Bridgette Wessels）らがとりまとめた『オープンデータと知識社会』には「知識社会とはおおざっぱに定義すれば，人間の状態を改善するために利用できる知識を生み出し，処理し，共有し，すべての構成員が利用できるようにする社会」で，そこでは「誰もが知識へのアクセスから恩恵を受け，知識に貢献できる，真に参加的な社会の創造に向け効果的な行動をとる」[12]とある。認知科学者のクリスティアーノ・カステルフランキ（Cristiano Castelfranchi）の『科学と知識社会の構築に関する六つの批判的考察』を援用したものだ。

カステルフランキのこの批判的考察には「知識は必然的に公共財とみなされるべきである。なぜなら科学研究は，基本的に公的資金が投資され公的な優先事項として扱われるから，生み出される知識は基本的に「公共」的性格をもつ」[13]とある。科学研究であるかどうかはともかく，知識が公共財か否かについて少し目を向けてみると，例えばジョセフ・E・スティグリッツ（Joseph Eugene Stiglitz）は「ある個人の消費が他の個人の消費をそこなわないという非競合的消費と，ある個人がその財を享受することを排除することは不可能ではないにせよ困難であるという非排除性」を有しているゆえに公共財であるという[14]。経済学的にも知識を公共財とみることは可能であろう。

しかし科学的新発見などをすべての社会構成員が利用できる状況はただちに実現するだろうか。誰もが災害時の安全情報などは公共財とみなすだろうが，富に結びつくような新知識やノウハウは特許や意匠登録として私的財の範疇に留め置かれたうえで公表されるのでなければ，多くは秘匿される。特許等知的所有権を認め，それによる富の蓄積を容認するのは，先見性を尊重し，人々の新たな努力を誘導するインセンティブを確保するためである。

新たな発見や知識の生産はすべからくこれまでのものの上に積み重ねられているという点を考慮すると，それらの占有期間を限定し，できるだけ迅速に多くの人が自由にアクセスできるようにして，次の知識を導き出す必要がある。さもないと，新たな知識を生産する努力を阻害し，富につながる知識・情報は秘匿され独占されて，ひいては甚だしい経済的・社会的な不平等を構成する要因にもなる。

インターネットのような「公共ネットワーク」[15]といえるものがグローバルに実装され，人々は膨大な情報に無料でアクセスできるようになったことは確かに希望を持たせる。しかしながら,「情報は市場に一般流通している商品ではなく,技術革新や経済成長は民間投資やアウトソーシングされた大学のスピンアウトによって運営されるというモデルに基づいている」[16]のも事実である。知識社会に移行するためには,バランスよく,より広く知識を開放していく必要がある。知識社会とは,いわばよりオープンな情報社会といってよいだろう。

4. ユネスコ世界報告書『知識社会に向けて』

情報社会の進展のなか情報・技術格差,とりわけグローバルサウス(南の発展途上国)に生じてしまうその拡大を懸念して,ユネスコは 2005 年に『知識社会に向けて』(Towards Knowledge Societies) という世界報告書[17]を発表した。総 226 ページの 10 章構成で,第 1 章で「情報社会から知識社会へ」として知識社会についての考え方を述べ,第 2 章から第 8 章までさまざまなイノベーションが喚起する学習社会,生涯学習,拡大の必要な高等教育,そして研究の革命をとりあげ,さらには知識社会がもたらす新たなリスクや安全保障問題に言及し,第 9 章と第 10 章では,それぞれの地域と先住民の知識などを取り込む多元的なあり方と,「万人のための知識社会」を展望している。

インターネットによってわれわれは「知識への平等なユニバーサル・アクセスと真の共有を実現する手段を手に入れたので

はないか。これこそが，人間的で持続可能な発展の源になる，本当の知識社会への土台になるはずだ」[18] とその意義を強調し，知識社会では「各自が知識を公共財として利用でき」[19]，近代的な基本的人権のもとに表現の自由・情報の自由，教育を受ける権利，それに文化的生活や科学の成果を享受できると描かれている。また「知識社会には，多様性，包摂性，連帯性，参加を可能にする社会ビジョンが必要である」[20] と主張している。

図書館についての記述は，第３章「学習社会」にある。知識社会における知識の習得はときどきの学習ではなく，継続するものであり「学び方を学ぶ」（ドラッカー）ものである。そのため正規の教育システムだけでなく，さまざまなインフォーマル教育，あるいは多様なメディア（書籍は今後電子媒体などとハイブリッドな状態になる）が活用されよう。「テキストや知識はもはや遊牧民のように（nomadic）地理的に限定されることなく，それゆえある種の権限や集権化の圧迫から部分的には免れるようになる」[21] と，図書館サービスは，アクセスの利便性を高め，またその運営上の各種の制限も取り除かれるという。

デジタル化が進むにつれ，印刷物だけではなくさまざまな資料の急激な増大が生じ，図書館の活動は衰退するどころではなく「危機があるとすればそれは何よりも成長の危機である」という。そして，そのような事態になってもお互いに協力して対応する「ネットワーキングの論理」が打ち出せれば，図書館は新たな情報時代の中心的な位置を確保する可能性は残され，それが知識を公共のものとして提供してきた役割をデジタル時代において果すためには不可欠な条件だという。2003 年に始められたグーグルプリントというプロジェクト（五つの図書館のコレクション 1500 万冊以上をデジタル化し無料でダウンロード可能にする計画，その成果の一部は現在のグーグルブックスに引き継がれている）が発表されたとき，欧州のいくつかの大図書館が危惧を示したけれども「図書館の未来は，情報社会という商業主義の論理を超越し，知識と認知への貢献の価値を生み出す新しいモデルを社会が導入できるかどうかに大きくかかっている」[22] と指摘している。

図書館のデジタル化は進展する。しかし，どのような環境に置かれようとも図書館は「物理的な空間に位置する施設であり，出会いの場であり，文化的な活動のセンターであること，また真の文化センター，知のクリアリングハウスとして，新たな知識ポータルを体現し，ローカルとグローバルとの接続点として機能する」[23] もので，人々が知識を獲得するための誘導路というだけでなく，人々の実生活に関わる，文化的・社会的な媒介，そして多様な知識の形成にも役立つ道具であると締めくくっている。

5. 知識社会における公共図書館（宣言の整理）

『知識社会に向けて』の刊行からほぼ 20 年が経過した。この間に社会のデジタル化は一段と深化し，われわれは以前とは違った行動をとるようにもなった。ただ，知識社会に必要な「社会的，あるいは倫理的・政治的な」条件にはさほどの変化はない。現段階の状況は，上述の『知識社会に向けて』と大きな違いはないかもしれないが，事態は少しずつ変化している。この宣言で投げかけられた「知識社会の図書館」を吟味し，わが国の状況に照らしつつ，われわれの現在の課題をまず整理しておくことにしよう。

宣言の「公共図書館」における知識社会に関わる部分を抜き出し，それに関連するわれわれの課題を整理し，表（公共図書館宣言 2022 が投げかけた課題）にとりまとめた。まず，表側（左）には宣言の「公共図書館」の記述の三つの段落を設定した。①は「知識社会の不可欠な構成要素であって，ユニバーサル・アクセスを実現し，すべての人に情報の意味のある利用を可能にするという責任を果たすため，情報伝達の新しい手法を継続的に取り入れる」まで，②は「また，知識の生産と情報や文化の共有・交換に必要な，そして市民の関与を推進するための，公共スペースを提供する」，それに続けて，③は「図書館は地域社会を育むもので，積極的に新しい利用者にも手を差し伸べ，実効ある聞き取りによって，地域の要求を満たし生活の質の向上に貢献するサービス企画を支援する。人々の図書館への信頼に応え，地域社会への積極的な情報の提供と啓発が公共図書館の目指すところである」である。

表　公共図書館宣言2022が投げ

宣言文の段落	「公共図書館	
	位置づけ・役割	指示
① 知識へのアクセスを保障できる図書館	・知識社会の不可欠な構成要素であって ・ユニバーサル・アクセスを実現し ・すべての人に情報の意味のある利用を可能にする	・情報伝達の新しい手法を継続的に取り入れる
② 知識の生産を後押しできる図書館	・知識の生産と情報や文化の共有・交換 ・市民の関与を推進する	・公共スペースを提供する
③ 地域社会をつくる図書館	・地域社会を育む ・人々の図書館への信頼に応え，地域社会への積極的な情報の提供と啓発	・積極的に新しい利用者にも手を差し伸べ，実効ある聞き取り ・地域の要求を満たし生活の質の向上に貢献するサービス企画を支援する

かけた課題

宣言 2022」 対応すべき要件	わが国の公共図書館が 推進すべき事項
I. 生活と仕事に不可欠な情報を提供する II. あらゆる資料とサービスをどのような立場の人々にも公平に提供する III.新しい手法による情報伝達手段の整備 IV.利用のための情報リテラシー支援 V. 要求の把握・分析	■アクセス(権)の保障（機関スケールからウェブスケールへの移行） ■ユニバーサル・アクセスの工夫（図書館システムのスマート化） ■知識ベースの導入，リンクリゾルバなどネットワーキング機能の充実 ■利用者支援の強化（図書館員の専門性と AI の活用） ■ニーズの確保・分析と対応（フィードバック）
I. 知識生産の支援，情報・文化の共有・交換 II. 市民参加の推進 III.多様な場づくり（リアル／バーチャル）	■多様な知識の生産・共有（発信）の支援 ■市民企画を推進（リビングラボなど） ■メーカースペース／フューチャーセンターなど
I. 地域のソーシャルキャピタル醸成 II. 常時利用者の声に耳を傾ける III.市民生活に関わる企画 IV. 市民への広報と広聴	■人々が日常的に交流する機会（リアル／バーチャル）の設定 ■コールセンターやアウトリーチサービス ■種々の地域資産（住民・機関）との協働 ■図書館アドボカシー活動

その三つの段落に対して，表頭には「公共図書館宣言 2022」としてその文言を抜き出し「位置づけ・役割」「指示」の列に配置した。また指示とは宣言が示唆している内容である。そして，両者を合わせてそれらに「対応すべき要件」を筆者が付け加えた。

①では，公共図書館が「知識社会の不可欠な構成要素であって」に対して，I. 生活と仕事に必要な情報を提供する，「ユニバーサル・アクセス」に対して，II.あらゆる資料とサービスをどのような立場の人々にも公平に提供する，「情報伝達の新しい手法を継続的に取り入れる」に対して，III. 新しい手法による情報伝達手段の整備，また「すべての人に情報の意味ある利用を可能にする」については，IV. 利用のための情報リテラシー支援と，V. 要求の把握・分析をあげた。以下同様に，

②では，「知識の生産と情報や文化の共有・交換」に，I. 知識生産の支援，情報・文化の共有・交換を，「市民の関与を推進する」に II. 市民参加の推進，「公共のスペースを提供する」に III. 多様な場づくり（リアル／バーチャル）とした。

③では「地域社会を育む」に対して I. 地域のソーシャルキャピタルの醸成と受け，「積極的に新しい利用者にも手を差し伸べ...」に対し II. 常時利用者の声に耳を傾ける，「地域の要求を満たし生活の質の向上...」は，III. 市民生活に関わる企画，「人々の図書館への信頼に応え，地域社会への積極的な情報の提供と啓発」に IV. 市民への広報・広聴とした。

これらは宣言の示すところを受けとめたもので，各図書館が置かれた位置などを考慮しつつ，さらに項目の詳細な展開や優

先順位等の判断が必要であろう。

一番右の列には，各「対応すべき要件」を踏まえ「わが国の公共図書館が推進すべき事項」（プロトタイプ）を列挙している。ここには，わが国の現状を鑑みて今後必要とされる事項を盛り込んだため，先進的な事例が入り，わが国の図書館ではまだ取組みが始まっていない，新規の展開もある。

6. 知識社会における公共図書館（わが国の課題）

知識社会の公共図書館として「対応すべき要件」を具体化した「わが国の公共図書館が推進すべき事項」の趣旨を説明する。なお，①②③のそれぞれには項目名を施した。

① 知識へのアクセスを保障できる図書館

公共図書館の基本任務は，住民が必要とする資料を迅速・的確に提供することである。わが国ではあまり話題にのぼらないが，住民は表現の自由を担保する資料へのアクセス権を有する[24)]。知識社会にあっては，知識がえられるかどうかが人々の生活を左右することが多くなり，利用要求への図書館の迅速・的確な対応はきわめて重要である。ただ，わが国の公共図書館サービスの多くは自館コレクションによる資料提供（これを「機関スケール」という）にとどまり，個別図書館のコレクションを超える住民の要求に対応するため図書館協力は存在するものの十分でない。その結果，人々の図書館への依存度は低い。調査結果から，住民の1割程度しか図書館を頼りにしていないという推定もできる[25)]。

デジタル化による図書館サービスは，資料の探索や入手の利便性を格段に高められる。機関スケールに対して，ウェブがつながる範囲「ウェブスケール」での探索など，さまざまなレベルの道具が整備される可能性がある。例えば，ディスカバリー・システム（紙資料や電子資料など多様な資料を広い範囲の図書館間にまたがって検索し，求めるものを発見できるシステム），知識ベース（書誌データだけでなく，本文データもインデックスしているデータベース，概念での検索が可能），書誌データから原資料の入手までを自動的につなぐリンクリゾルバといった種々の道具があり（本書のシンポジウム「図書館と知識社会」を参照），それらを組み合わせ人々の要求に対応できる。

また，この表には含まれてはいないが，各図書館で電子書籍や各種のデータベース，そして膨大なオープンデータ（公的機関や研究機関などが主に収集・作成した機械判読可能なデータで，誰もが二次利用を含め無料で自由に使えるもの）などをサービス範囲にしておく必要もある。なお，こうしたシステムやコンテンツの導入・運営経費やデータベース経費は大きくなるため，個別の図書館では賄いきれないことも多い。この問題の打開については，図書館同士が連携し，システムを導入するなどの自力での工夫などが必要である（本書の磯部ゆき江「広域連携による電子図書館」を参照）。わが国の現状が，先進諸国からかなりの遅れがでていることを考えると，しかるべき基本政策を公共図書館界が要請すべき段階にあるといえる。

それとともに，さまざまな人々の特性の違いを踏まえて，ユニバーサル・アクセスのスマート化を進め，アクセシビリティを高度化し，上記のような新しいシステムが導入される場合，情報リテラシーはむろんのこと，人々への積極的な利用支援が不可欠となる。利用者が何を求めているかを的確に把握・分析し，利用を予測するAIの活用が望まれる。

②　知識の生産を後押しできる図書館

知識とは人々の認識したこと，考えたこと，あるいは獲得した技能などで，科学的知識や専門的知識もあれば，生活上の課題を解決するのに必要なものもある。多くの場合，問題に対するさまざまな共通の認識を踏まえ，意見を交わして知識は生産されることが多い。そのために大学や企業にはしばしば協働のワークスペースが置かれるようになっている。図書館でもそれにならって最近ではこの種のサービス・スペースが試みられている。子どもたちのためのメーカースペース[26)]や，研究機関・企業・行政担当者等が意見を交換するためのフューチャーセンター[27)]などがある。学習作業についても，ラーニングコモンズ[28)]が設定され，同僚との議論により学習効果を高めている。

情報・文化活動のためにも協働の場が不可欠であり，活動成果を蓄積し，ポスターセッションなどのイベントや，ネットを通じての発信など，場をさらに拡張していくことが大切である。市民参加を推進する観点からは，例えば地域の人々を中心に行政や企業などの関係者が集うリビングラボがよい工夫といえる[29]。なお，場にはさまざまな様態が考えられるが，今後はリアルもバーチャルのどちらも用意する必要がある。

③　地域社会をつくる図書館

地域社会（コミュニティ）を育むのは，その構成員が信頼し協調行動をとることのできるソーシャルキャピタル（人々の信頼に基づく社会関係資本）を醸成し高めることである。そのために図書館は日常的にさまざまな交流機会（リアル／バーチャル）を設け，多様な人々を結びつけ，人々の知識を更新する。また，人々の要求や意見を積極的に聴くためにコールセンターなど窓口を設け，地域の人々の意向を把握しておくことも不可欠である。

さらに，住民と協働で課題をとらえ，生活の質の向上を図る企画を実施する。その際さまざまな地域の社会資産（例：住民，地域経済，博物館や教育機関などの社会機関）と連携してあたる[30]。常に地域の人々の要求をとらえ，種々のサービスにより図書館がそれに応えるものであることを証明し，アドボカシー活動を展開する必要がある（本書，豊田恭子「時代に対応する図書館をどう作るか」を参照）。

「公共図書館宣言 2022」が投げかけた課題への対応を推進すべき事項としてあげてみた。それぞれの公共図書館が置かれた状況によって対応のあり方は異なるから，大ざっぱに基本的な方向を示したものとして理解していただきたい。

7. おわりに

ニコ・シュテールは，産業社会の歩みと知識に関する議論をたどって「知識社会は，アダム・ファーガソン（Adam Ferguson）の言い方にならうならば，人間の行動の結果であって，人間の設計によって意図的に引き起こされるものではない」[31] という。それは単なる政策的な意図によるデザインではなく，新たなテクノロジーや創造力などがニーズと相まってその新しい可能性と革新がもたらしたものである。知識社会に決して不安要素がないわけではないが，この進展は人々の知識の平等化を推し進め民主主義をとるという点で，公共図書館の考え方と同根であるようだ。知識社会において，公共図書館への期待はより大きくなることは確かだろう。

【注・参考文献】

1）United Nations Educational, Scientific and Cultural Organization. "The Public Library: A Living Force of Popular Education." Paris, Unesco, 1949. https://www.ifla.org/wp-content/uploads/2019/05/assets/public-libraries/documents/unesco-public-library-manifesto-1949.pdf,（accessed 2024-04-01）.

2） 永田治樹「「ユネスコ公共図書館宣言 2022」：2022 年版に至る歩みとその活用」『カレントアウェアネス』no.259, 2024.3.20, p.2-4. https://current.ndl.go.jp/ca2056,（参照 2024-04-01）.

3） 長倉美恵子，永田治樹，日本図書館協会国際交流事業委員会訳「IFLA-UNESCO 公共図書館宣言 2022」https://repository.ifla.org/bitstream/123456789/2766/1/IFLA_UNESCO%20Public%20Library%20Manifesto%202022-Japanese.pdf,（参照 2024-04-01）.

4） "The Mission of the public library of today: What's new in the Public Library Manifesto." https://repository.ifla.org/bitstream/123456789/2007/1/The%202022%20IFLA-UNESCO%20Public%20Library%20Manifesto%20at%20a%20Glance.pdf,（accessed 2024-04-01）.

5） P・F・ドラッカー『断絶の時代：来たるべき知識社会の構想』林雄二郎訳，ダイヤモンド社，1969, p.349.（Drucker, Peter F. *The Age of Discontinuity*, Harper & Row, New York, 1969.）

6） Stehr, Nico; and Ruser, Alexander. "Knowledge Society, Knowledge Economy, and Knowledge Democracy." *Handbook of Cyber-Development, Cyber-Democracy and Cyber-Defense.* Springer International pub., 2018, p.476.

7） フリッツ・マッハルプ『知識産業』高橋達男・木田宏共訳，産能短大出版部，1969，477p.（Machlup, Fritz. *The Production and Distribution of Knowledge in the United States,* Princeton Univ. Press, 1962.）

8） 永田治樹「情報社会」日本図書館情報学会編『図書館情報学辞典』丸善，2023，p.422-423.

9） ロビン・マンセルは，*Knowledge Societies: Information Technology for Sustainable Development.* Oxford University Press, 1998, 323p. http://eprints.lse.ac.uk/24875/1/Mansell_Knowledge-Societies_Published_Book.pdf,（accessed 2024-04-01）という共編書のほか，金融危機やデジタル技術の急速な革新に伴う不安定化が知識社会の歩みに与える影響に関する経済学的な研究などがある。

"Futures of knowledge societies: destabilization in whose interest?" *Information, Communication and Society.* vol.18, issue 6, 2014, p.627-643. https://www.tandfonline.com/doi/abs/10.1080/1369118X.2014.979215,（accessed 2024-04-01）.

ニコ・シュテールには，*Knowledge Societies.*（Sage Pub., 1994, 291p.）のほか，社会学の観点から知識，知識社会に関する多数の著作がある。

10） Lane, Robert E. “The Decline of Politics and Ideology in Knowledgeable Society.” *American Sociological Revies,* vol.31, no.5, 1966, p.649-662. ドラッカーの指摘よりも，この論文が少し前になる。なお，用語は“knowledgeable society”と微妙に異なる。

11） 例えば，ダニエル・ベル『脱工業社会の到来：社会予測の一つの試み』内田忠夫訳，ダイヤモンド社, 1975（Bell, Daniel. *The Coming of Post-Industrial Society: A Venture in Social Forecasting*, Basic Books, 1999.）など。

12） Wessels, Bridgette et al. *Open Data and the Knowledge Society*. Amsterdam Univ. Press, 2017, 203p. http://library.oapen.org/handle/20.500.12657/31743,（accessed 2024-04-01）. なおこの報告書は，RECODE（ヨーロッパにおける研究データへのオープンアクセスに関する政策提言）というプロジェクト https://cordis.europa.eu/project/id/321463/it,（accessed 2024-04-01）の成果に基づいている。

13） Castelfranchi, C. “Six Critical Remarks on Science and the Construction of the Knowledge Society.” *Journal of Science Communication, SISSA – International School for Advanced Studies,* vol.6, issue 4, 2007, p.1-3.

14） Stiglitz, Joseph E. “Knowledge as a Global Public Good.” Kaul, Inge; Grunberg, Isabelle; and Stern, Marc A. *eds. Global Public Goods: International Cooperation in the 21 Century*. Published for The United Nations Development Programme, Oxford Univ. Press, 1999, p.308. なお，スティグリッツは「国

際経済の安定，交際安全保障（政治的安定），国際環境，国際人道支援」とともに知識を「グローバル公共財」としてとらえるべきだと主張している。

15） UNESCO. *Towards Knowledge Societies: UNESCO World Report*, UNESCO Pub., 2005, p.17.

16） Bridgette, Wessels et al. *op. cit.*, p.14.

17） UNESCO. *Toward Knowledge Societies*, p.5-6. 当時の事務局長松浦晃一郎氏が序文に記したように，国内ばかりでなく開発途上国と先進諸国との国際間の知識格差に目を向け，今後の世界の歩みを考えた取組みであった。

18） *ibid.*, p.17.

19） *ibid.*, p.18.

20） *ibid.*, p.27.

21） *ibid.*, p.65.

22） *ibid.*, p.66

23） *ibid.*, p.67.

24） 表現の自由を保障するためには，公共図書館においてその出版物の利用が担保される必要がある。松井茂記『図書館と表現の自由』岩波書店, 2013, p.17-19.

25） 永田治樹『公共図書館を育てる』青弓社, 2022, p.62.
ただし，『日本の図書館 統計と名簿 2023』の更新されたデータでは，全登録者数 5130 万人のうち，自治体内数は 1166 万人で設置自治体人口 1 億 2593 万人で割ると，9.26%に落ちた。

26） 渡辺ゆうか「図書館×メーカースペース」未来の図書館研究所編.『図書館員の未来カリキュラム』青弓社, 2023, p.146-171.

27) 宇陀則彦「【講演】「図書館はコミュニティを育てる場」（未来の図書館研究所第 2 回シンポジウム「図書館とソーシャルイノベーション」)」https://www.miraitosyokan.jp/future_lib/symposium/2nd/report/lib_and_social_innovation3.pdf,（参照 2024-04-01）.

28) 「宮崎県立図書館，ラーニングコモンズのためのスペース利用の提供開始」『カレントアウェアネス-R』2019-04-01. https://current.ndl.go.jp/car/37910,（参照 2024-04-01）.

29) Hernández-Pérez, Oskar; Vilarino, Fernando; and Domènech, Miquel. "Public Libraries Engaging Communities through Technology and Innovation: Insights from the Library Living Lab." *Public Library Quarterly,* 2022, vol.41, issue 1, p.17-42.

30) Institute of Museum and Library Services. "Community Catalyst Initiative." https://www.imls.gov/our-work/priority-areas/community-catalyst-initiative,（accessed 2024-04-01）.

31) Stehr, Nico. *Knowledge Societies.* Sage Pub., 1994, p.16-17.

あとがき

本書は，本研究所が開催するシンポジウムなどの研究活動記録『調査・研究レポート』第７号として発行するものであるが，知識がかつてなく重要な社会的要素になった現代社会のなかでの図書館のあり方というテーマに関連する論考を集めた１冊の書籍『図書館と知識社会』という体裁にもなっている。世界に蓄積された膨大な知識への人々の自由なアクセス，が各論考の基調となっており，この社会のなかで，図書館がどのようなサービスを人々に提供すべきなのか，どのような図書館が求められているのか，を考える材料として，多くの方々に読んでいただければ幸いである。

このシリーズの前々号『図書館とポスト真実』，前号『図書館とコミュニティアセット』と同様に，発売は株式会社樹村房に引き受けていただいた。また，今号から，電子書籍としても刊行する所存である。コロナ禍を経て急速に広まっている各地の電子図書館のコレクションに含めていただけることも期待したい。

末尾ではあるが，お忙しいなかご講演・執筆くださった，片岡真さん，飯野勝則さん，豊田恭子さん，大串夏身さんには，改めて謝意を表したい。また，種々ご尽力をいただいた樹村房の大塚栄一さんに心から感謝を申し上げる。

未来の図書館 研究所

所長　戸田　あきら

著者略歴

片岡 真（かたおか・しん）

国文学研究資料館 管理部学術情報課長

広島大学附属図書館，九州大学附属図書館，国立情報学研究所での勤務を経て，2022 年から現職。日本の大学図書館における電子リソース・ナレッジベースの導入，日本で刊行された電子リソースのデータ共有サービス（ERDB-JP）の立ち上げ，科学研究費助成事業データベース（KAKEN）のシステム整備，持続的なメタデータ流通のための実務指針である『メタデータ流通ガイドライン』の作成に携わる

飯野 勝則（いいの・かつのり）

佛教大学図書館 専門員・国立情報学研究所オープンサイエンス基盤研究センター 特任研究員

西日本旅客鉄道株式会社，京都大学附属図書館などを経て現職。佛教大学で図書館員として勤務する傍ら，電子リソースを統合した横断的な次世代目録所在サービスの研究開発を行っている。2011 年に，日本の資料にも適合したウェブスケールディスカバリーサービスを公開した。著書に『三訂 情報資源組織演習』（共著・樹村房），『三訂 情報資源組織論』（共著・樹村房），『図書館を変える!ウェブスケールディスカバリー入門』（単著・出版ニュース社）

豊田 恭子（とよだ・きょうこ）

東京農業大学 教授・ビジネス支援図書館推進協議会 副理事長

お茶の水女子大卒。出版業界紙勤務後，米国留学。ボストン・シモンズカレッジで図書館情報学修士号取得。J.P.モルガン日本支社で企業内ライブラリーを立ち上げた後，ゲッティ・イメージズの画像データベースや NTT データの環境データベースの構築に関わる。2024 年 4 月より現職。2022 年『闘う図書館―アメリカのライブラリアンシップ』

（筑摩書房）を上梓。近くアメリカ大統領図書館についての書籍も出版予定

大串 夏身（おおぐし・なつみ）
昭和女子大学 名誉教授

東京都立中央図書館，特別区協議会調査部，昭和女子大学等に勤務。著者に『レファレンスと図書館』（皓星社），『情報を探す技術捨てる技術』（ダイヤモンド社），『まちづくりと図書館』『挑戦する図書館』『DVD映画で楽しむ世界史』，編著に『江戸・東京学研究文献案内』『読書と図書館』，共著に『中島みゆきの場所』『触発する図書館』『図書館員の未来カリキュラム』（いずれも青弓社）など

磯部 ゆき江（いそべ・ゆきえ）
未来の図書館研究所

日本図書館協会勤務を経て，未来の図書館研究所・二松学舎大学非常勤講師。共著に，『図書館員の未来カリキュラム』（青弓社），『図書館とコミュニティアセット』（未来の図書館研究所）など

永田 治樹（ながた・はるき）
未来の図書館研究所

名古屋大学附属図書館，国文学研究資料館，東京大学附属図書館などに勤務後，筑波大学図書館情報メディア研究科，立教大学文学部等で教育・研究に携わる。筑波大学名誉教授。専門領域は図書館経営。近著に『公共図書館を育てる』，共著に『図書館員の未来カリキュラム』（いずれも青弓社）など

図書館と知識社会

未来の図書館 研究所 調査・研究レポート 2023 （第 7 号）
ISSN 2433-2151

2024 年 5 月 30 日　第 1 版 1 刷発行

編集　株式会社 未来の図書館 研究所

発行　株式会社 未来の図書館 研究所
113-0033　東京都文京区本郷 4-9-25　2 階
TEL 03-6673-7287　FAX 03-6772-4395
https://www.miraitosyokan.jp/

発売　株式会社 樹村房
112-0002　東京都文京区小石川 5-11-7
TEL 03-3868-7321　FAX 03-6801-5202
https://www.jusonbo.co.jp/

印刷　株式会社 丸井工文社

ISBN978-4-88367-396-4　C3300

未来の図書館 研究所 調査・研究レポート
バックナンバーのご案内

❶ 未来の図書館 研究所 調査・研究レポート 2017（Vol.1）

■第1回シンポジウム記録「図書館のゆくえ：今をとらえ，未来につなげる」■「アクセス解析に基づく公共図書館活動の把握」（牧野雄二）■「公共図書館の利用圏に関する研究の発展」（戸田あきら）■「図書館の未来を議論する」（永田治樹）

❷ 未来の図書館 研究所 調査・研究レポート 2018（Vol.2）

■第2回シンポジウム記録「図書館とソーシャルイノベーション」■ワークショップ「図書館員の未来準備」の概要■「つながりっぱなしの日常に，『図書館』をいかに埋め込むか」（常川真央）■「『Webを活用した図書館サービス』を考える」（川嶋斉）

❸ 未来の図書館 研究所 調査・研究レポート 2019（Vol.3）

■第3回シンポジウム記録「図書館とサステナビリティ」■第3回ワークショップ「図書館員の未来準備」報告■「日本語の歴史的典籍のアーカイブ構築と活用」（増井ゆう子）■「デジタル世界にいまなにが起きているのか」（宇陀則彦）

❹ 未来の図書館 研究所 調査・研究レポート 2020（Vol.4）

■第4回シンポジウム記録「図書館とランドスケープ」■第5回シンポジウム記録「図書館とレジリエンス」■ワークショップ「図書館員の未来準備」講演レポート「『ツナガル。』から生まれる図書館の可能性」（豊山希巳江）

A4判／並製　　定価2,000円＋税
PDF版を未来の図書館 研究所ウェブサイトにて公開しております。

---

❶～❹について冊子体をご希望の方は，以下の連絡先までお問合せください。

株式会社 未来の図書館 研究所
113-0033　東京都文京区本郷4-9-25　2階
✉info@miraitosyokan.jp　TEL 03-6673-7287　FAX 03-6772-4395
https://www.miraitosyokan.jp/

2017年より定期刊行物として発行していた「未来の図書館 研究所 調査・研究レポート」を，2022年より書籍としてシリーズ化しました

❺ 図書館とポスト真実（未来の図書館 研究所 調査・研究レポート 2021）（Vol.5）

■図書館とポスト真実（永田治樹・笹原和俊・伊藤智永）■図書館におけるファブラボ（メイカースペース）の可能性（渡辺ゆうか）■持続可能な社会づくりと読書 ～「利他」で考える読書推進計画の試論（太田剛）■未来の図書館と著作権法のあり方の検討に向けて－令和 3 年著作権法改正の意義と課題－（村井麻衣子）

ISBN978-4-88367-366-7／2022年5月12日刊行／181頁

❻ 図書館とコミュニティアセット（未来の図書館 研究所 調査・研究レポート 2022）（Vol.6）

■図書館とコミュニティアセット（永田治樹・井上康志・藤山由香利・後藤真）■「地域の記憶を 地域の記録へ」地域住民と歩む北摂アーカイブスの取組み（青木みどり）■クラウドソーシングが不可能を可能にする～ライドシェアから図書館まで～（森嶋厚行）■永末十四雄の仕事―地域の記憶と記録を未来に残した図書館人（磯部ゆき江）■コミュニティアセットとしての古典籍（増井ゆう子）

ISBN978-4-88367-381-0／2023年5月30日刊行／221頁

B6判／並製　　定価（本体 2,000 円＋税）

---

❺～❻のご購入についてのお問合せは，下記までお願いいたします。

発売　株式会社 樹村房
112-0002　東京都文京区小石川 5-11-7
TEL 03-3868-7321　FAX 03-6801-5202
https://www.jusonbo.co.jp/